CONTENTS

PAGE

1. HOW TO USE THIS BOOK

MELODY SHEETS SECTION

4. SWEET LEI LEHUA
5. AKAHI HOI
6. HAWAII ALOHA
8. ADDING CHORDS TO "HAWAII ALOHA"
9. PUA CARNATION
10. KONI AU IKA WAI
12. MAKALAPUA
15. O, BEAUTIFUL ILIMA
16. HILO MARCH
18. ON THE BEACH AT WAIKIKI
19. ROYAL HAWAIIAN HOTEL

SUPPLEMENTARY STRUMMING SHEETS

21 to 24: Sweet Lei Lehua (KEYS C, D, F, G)
25 to 28: Akahi Hoi (A♭, A, B♭, G)
29 to 36: Hawaii Aloha (A♭, A, B♭, C, D, E♭, F, G)
37 to 38: Pua Carnation (C, D, E♭, F)
39 to 42: Koni Au Ika Wai (C, D, F, G)
43 to 46: Makalapua (C, D, F, G)
47 to 48: O, Beautiful Ilima (B♭, C, F, G)
49 to 52: Hilo March (B♭, C, F, G)
53 to 54: On The Beach At Waikiki (B♭, C, F, G)
55 to 60: Royal Hawaiian Hotel (A, B♭, C, D, F, G)

Ten Favorite Hawaiian Songs For Ukulele Groups: A Leader's Manual

ISBN: 0-917822-23-4

How To Use This Book

FOR MAXIMUM ENJOYMENT OF THIS BOOK, HERE ARE SOME POINTERS:

1. LEARN THE MELODY OF EACH SONG FIRST.

   To do this pick out the melody by picking the strings marked with "X"'s.

2. After you learn the melody, sing the words as you pick.

3. After you can sing the song, practice strumming it in the key in which the song is musically written in this book.

4. After you can strum in the written key, practice strumming in the other keys included in this book.

5. THERE ARE SOME HIGH NOTES IN "MAKALAPUA" THAT NECESSITATED THE USE OF WHAT I CALL "ABBREVIATED DIAGRAMS" TO SAVE SPACE.

Notice that in the "regular diagram", the frets are numbered from 1 always.

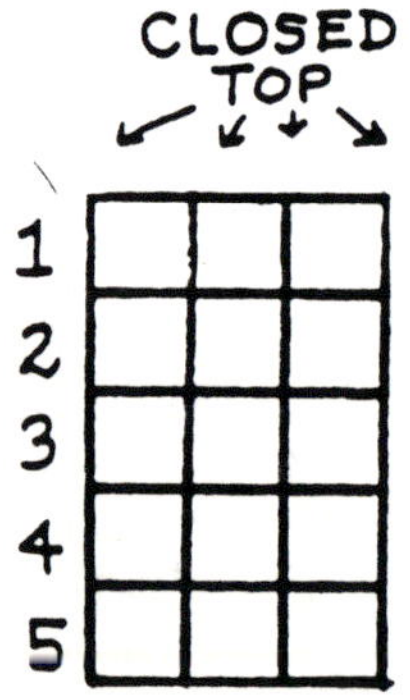

In the "abbreviated" one, the fret number assignments will depend on the part(s) of the fingerboard the melody note(s) falls on. The fret numbers are shown at the left of the "abbreviated diagram."

CLOSED TOP

1
2
3
4
5

REGULAR DIAGRAM

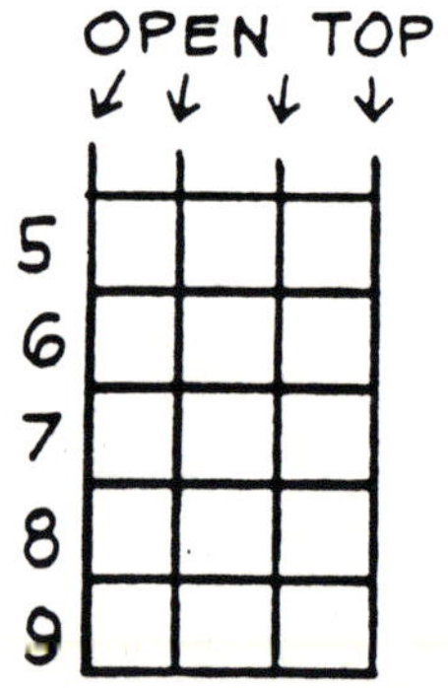

OPEN TOP

5
6
7
8
9

ABBREVIATED DIAGRAM

6. SO THAT YOU CAN LEARN THE MELODIES OF THE SONGS MORE CONVENIENTLY, ALL OF THE WRITTEN MELODY MUSIC SHEETS HAVE BEEN PLACED IN THE FRONT PART OF THIS BOOK.

7. ONCE YOU HAVE LEARNED THE MELODY OF A SONG, GO TO THE BACK PAGES FOR THE STRUMMING SHEETS FOR DIFFERENT KEYS

IF YOU CONDUCT YOUR OWN UKULELE GROUP, YOU'LL FIND THE STRUMMING SHEETS HANDY, TIME-SAVING, AND EDUCATIONAL:

A. *Sometimes students have difficulty singing a song because the key in which the group is taught the song is not within the comfortable voice range of most of the students.*

Especially in such cases should you as group leader teach strumming of that song in several keys.

B. *If you as group leader are not sure of certain keys or chords, not to worry since all basic details have been included in this book!*

(1). AT THE BEGINNING OF EACH STRUMMING SHEET, YOU'LL SEE FOUR UKE DIAGRAMS:

THESE ARE TO HELP YOU MATCH YOUR VOICE TO THE NEW KEY ON EACH STRUMMING SHEET. PICK THE "X"'ED STRINGS & MATCH THE VOICE BY SINGING THE FIRST FOUR BEATS.

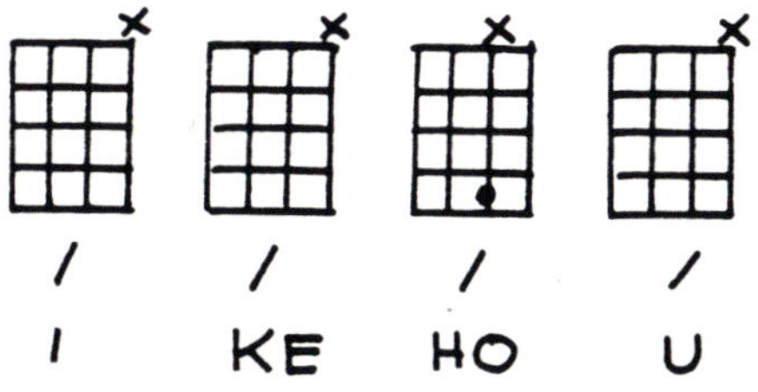

/ / / /

I KE HO U

(2) IF YOUR STUDENTS KNOW THE TUNE, THE SLANT (/) TIMING SYMBOLS TELL YOU EXACTLY ON WHICH BEAT YOU SING A GIVEN WORD OR SYLLABLE OR CHANGE TO THE NEXT CHORD. FOR EXAMPLE:

D   A7 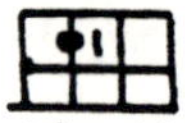
/   /   /   / /   / /   / /   / /   // ///
O MAKALAPUA ULU MAHIE HI-E,

when you strum the first beat, you must also be sure to sing "O MA" within that first beat. Then one beat for "KA" + another for "LA"; "PU" has one beat and "-A" also a full beat, etc.

Since the A7 diagram appears directly above "HI" you make your change from the "D" chord to the "A7" chord exactly at "HI", give "HI" two beats, and then "E" for three beats.

IN OTHER WORDS, THE SLANT BARS SHOULD BE FOLLOWED QUITE CLOSELY. THEY ARE YOUR GUIDES TO ACCURATE TIMING.

MELODY
MUSIC SHEETS
SECTION

UNLESS YOU KNOW THE MELODY OF A SONG YOU OBVIOUSLY WON'T BE ABLE TO SING OR PICK THE SONG. PRACTICE THE PICKING OF EACH SONG -- THE "X" ABOVE EACH UKE DIAGRAM INDICATES THE MELODY.

WHEN YOU LEARN OR PLAY ONE THAT YOU ALREADY KNOW, PAY ESPECIAL ATTENTION TO THE SUSTAINED NOTES SO THAT WHEN YOU SING AND STRUM, YOU WILL ABLE TO STRUM THE CORRECT NUMBER OF BEATS.

THE STRUMMING SECTION IN THIS BOOK (FROM PAGE 19) IS BASED ON THE EXACT TIMING OF EACH SONG IN THIS MELODY MUSIC SHEETS SECTION. ONCE YOU LEARN THE MELODY OF A SONG IN THIS SECTION, PRACTICE SINGING + STRUMMING IN THE SAME KEY FIRST. THEN WHEN YOU ARE SATISFIED THAT YOUR TIMING IS CORRECT, GO TO THE STRUMMING SECTION AND PRACTICE STRUMMING IN OTHER KEYS.

Sweet Lei Lehua

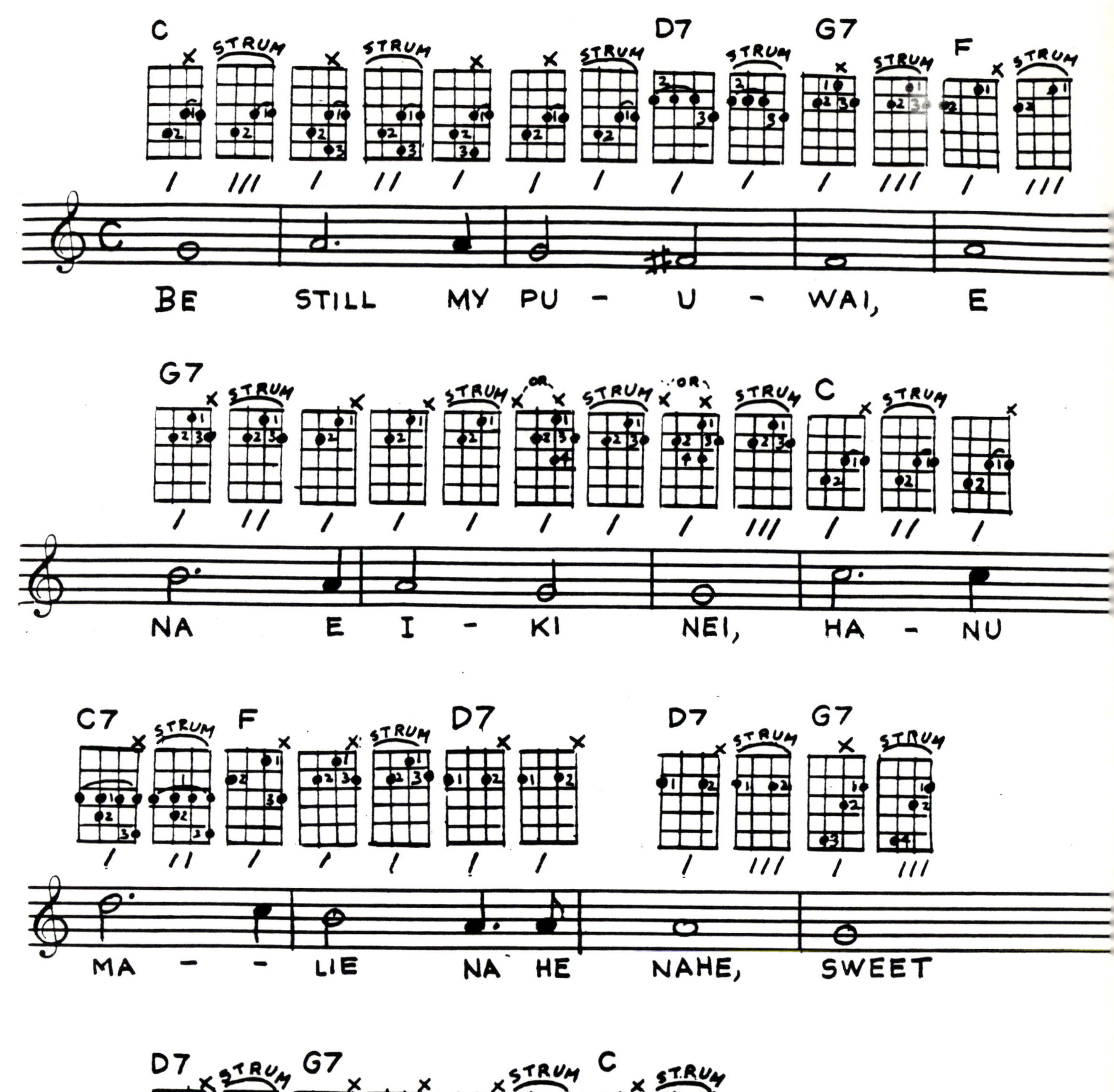

D7 STRUM G7 STRUM C STRUM

LEI LE - HU - A-----.

THE LEHUA TREE IS ONE WITH BRILLIANT RED OR SALMON COLORED FLOWERS.

THE PRACTICE OF COMBINING ENGLISH AND HAWAIIAN WORDS IN A SONG HAD BECOME COMMON PRACTICE IN KING KALAKAUA'S TIME. (HE COMPOSED THIS SONG.)

AKAHI HOI

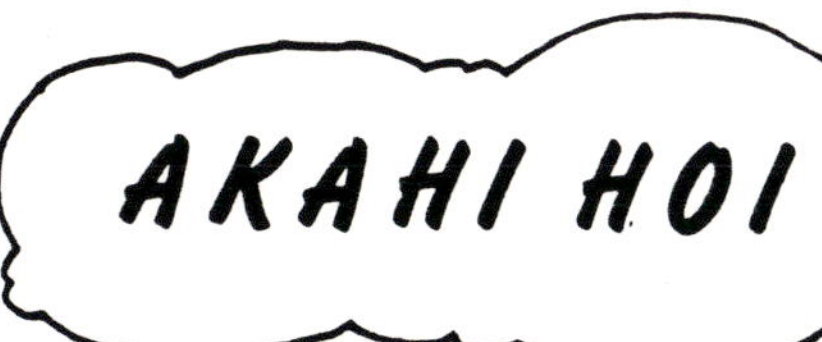

Written by King David Kalakaua, This song pays tribute to the hinahina flower which was used for making leis or wreaths. The song could also be referring to a loved one who had evoked "pangs of love".

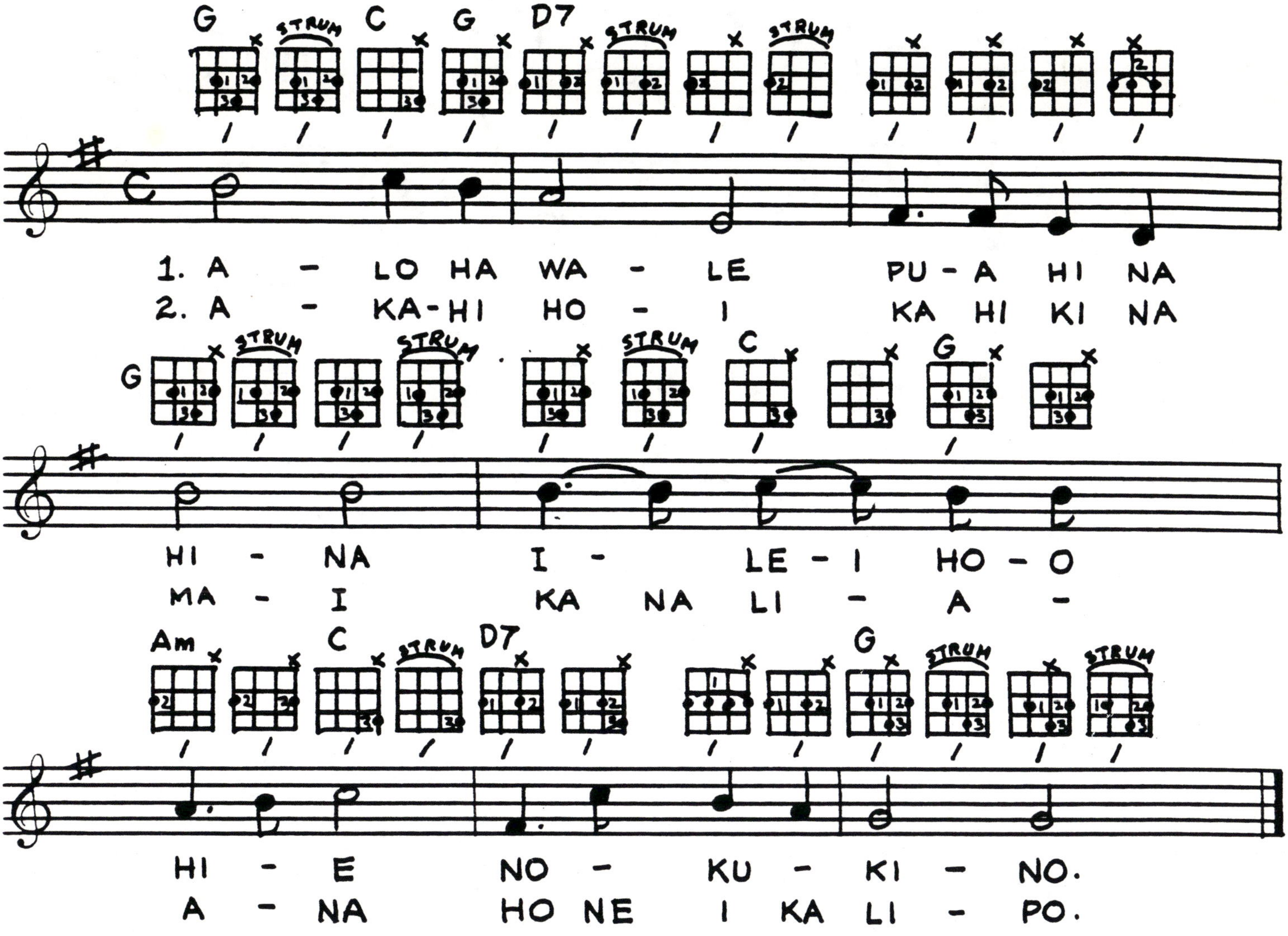
G C G D7
STRUM STRUM STRUM
1. A - LO HA WA - LE PU - A HI NA
2. A - KA-HI HO - I KA HI KI NA
G C G
STRUM STRUM STRUM
HI - NA I - LE - I HO - O
MA - I KA NA LI - A -
Am C D7 G
STRUM STRUM STRUM
HI - E NO - KU - KI - NO.
A - NA HO NE I KA LI - PO.

THIS POPULAR HAWAIIAN SONG WAS COMPOSED BY REV. LORENZO LYONS (KNOWN AS "MAKUA LAIANA") WHO HEADED A CHURCH IN WAIMEA, HAWAII FOR MANY YEARS. THIS SONG IS ALSO KNOWN AS "KUU ONE HANAU". REV. LYONS DIED IN 1886.

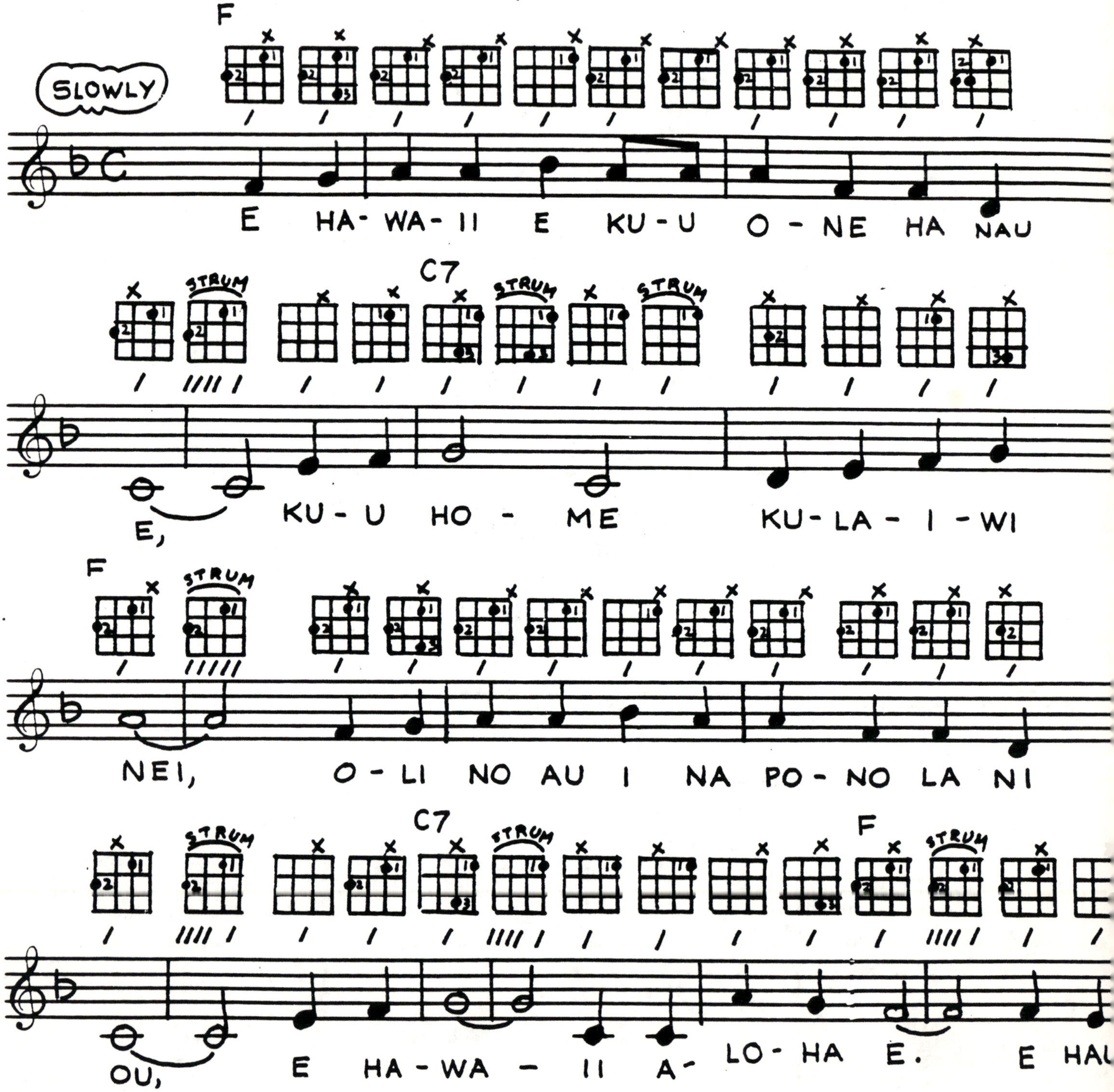

SLOWLY

F

E HA- WA- II E KU - U O - NE HA NAU

STRUM C7 STRUM STRUM

E, KU - U HO - ME KU- LA - I - WI

F STRUM

NEI, O - LI NO AU I NA PO - NO LA NI

STRUM C7 STRUM F STRUM

OU, E HA - WA - II A- LO - HA E. E HAU

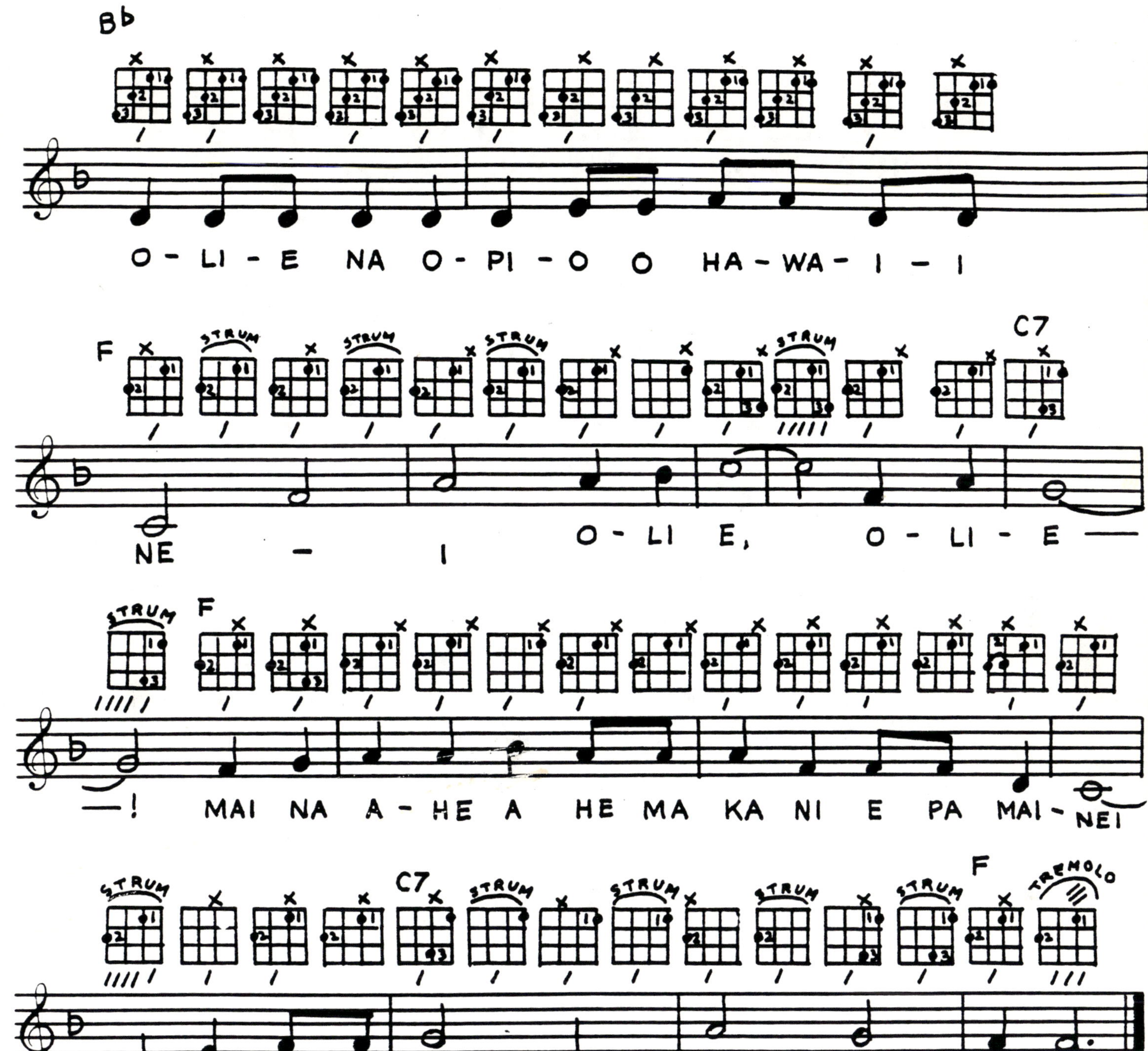
Bb
O - LI - E NA O - PI - O O HA - WA - I - I
F
STRUM
C7
NE - I O - LI E, O - LI - E —
F
— ! MAI NA A - HE A HE MA KA NI E PA MAI - NEI
C7
F
TREMOLO
MAU KE - A - LO - HA NO HA - WA - II —.

Adding Chords To "Hawaii Aloha"

SINCE THIS SONG IS USUALLY PLAYED VERY SLOWLY, YOU MAY WANT TO ADD A BIT OF "COLOR" TO YOUR CHORDING:

1. USE B♭ INSTEAD OF C7 IN THE FIRST ROW, SECOND MEASURE OF THIS SONG. ("...-WA-II E")

2. SAME FOR THIRD ROW, THIRD MEASURE ("NO AU I"); SIXTH ROW, THIRD MEASURE ("I O-LI"); AND SEVENTH ROW, SECOND ROW ("A HE A HE MA")

3. IN THE SIXTH AND SEVENTH MEASURES, FOURTH ROW, INSTEAD OF ONLY THE "F" CHORD, YOU MAY WANT TO TRY THIS SEQUENCE: ("ALOHA E")

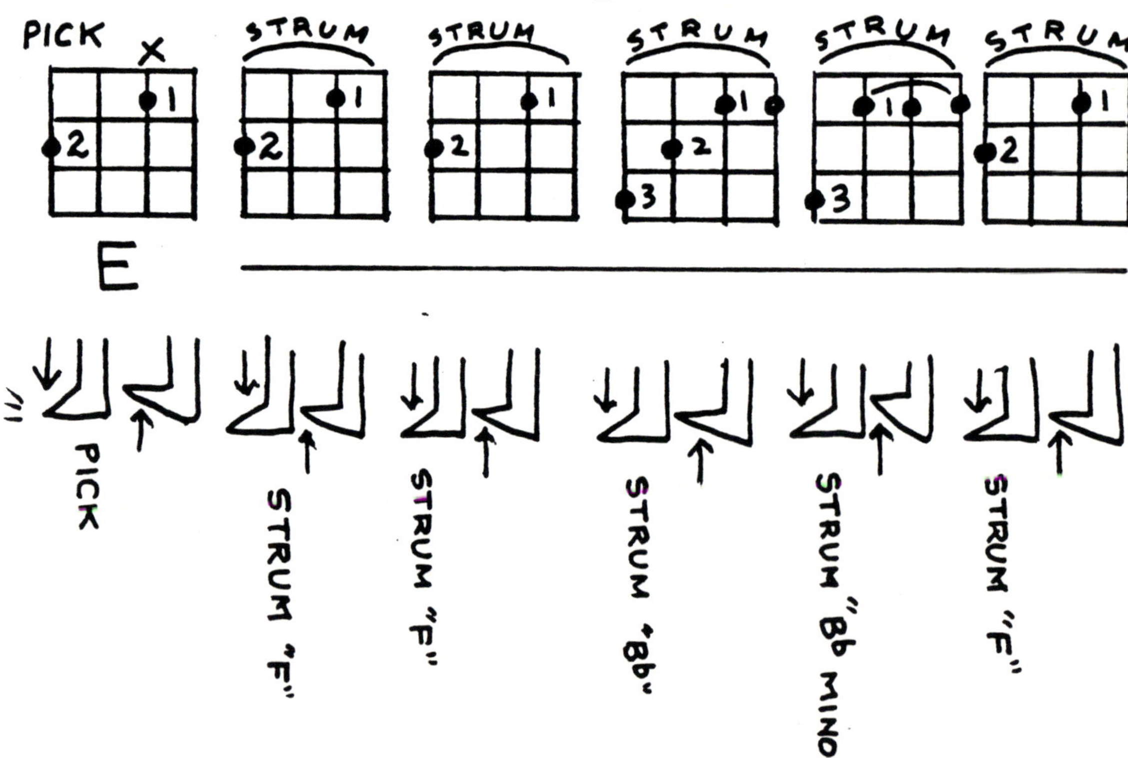

Pua Carnation

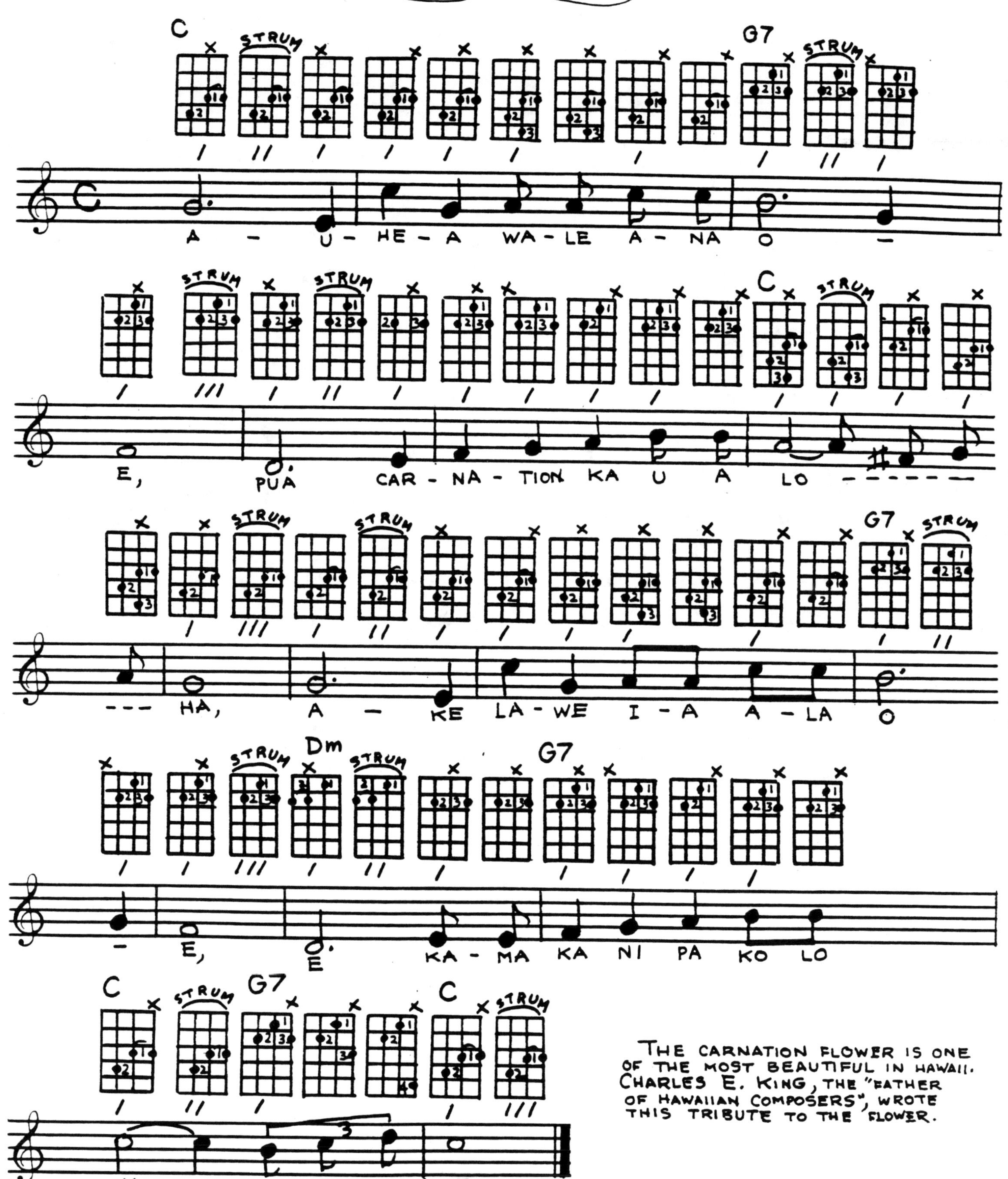

The carnation flower is one of the most beautiful in Hawaii. Charles E. King, the "Father of Hawaiian Composers", wrote this tribute to the flower.

"KONI AU IKA WAI"

Literally translated "Koni Au Ika Wai" means "Tasting the Floating Waters" or "I Throb For Liquid".

Written by King David Kalakaua, the "Merry Monarch", this song describes the ocean sprays of Puaena and the shore-lapping waves of beautiful Waialua.

One translation states that the song seems to glorify gin, but other parts of the song hint at a love affair as implied by double meaning.

(King Kalakaua died at the Palace Hotel in San Francisco on January 21, 1891 while on a trip there. His body was brought back to Hawaii aboard the U.S.S. Charleston eight days later on January 29.

It was not until the ship was in sight of shore and the people saw the black flag flying that they knew their king was dead.)

Brightly

KO - NI AU KO - NI AU I - KA WAI - - - - - - -

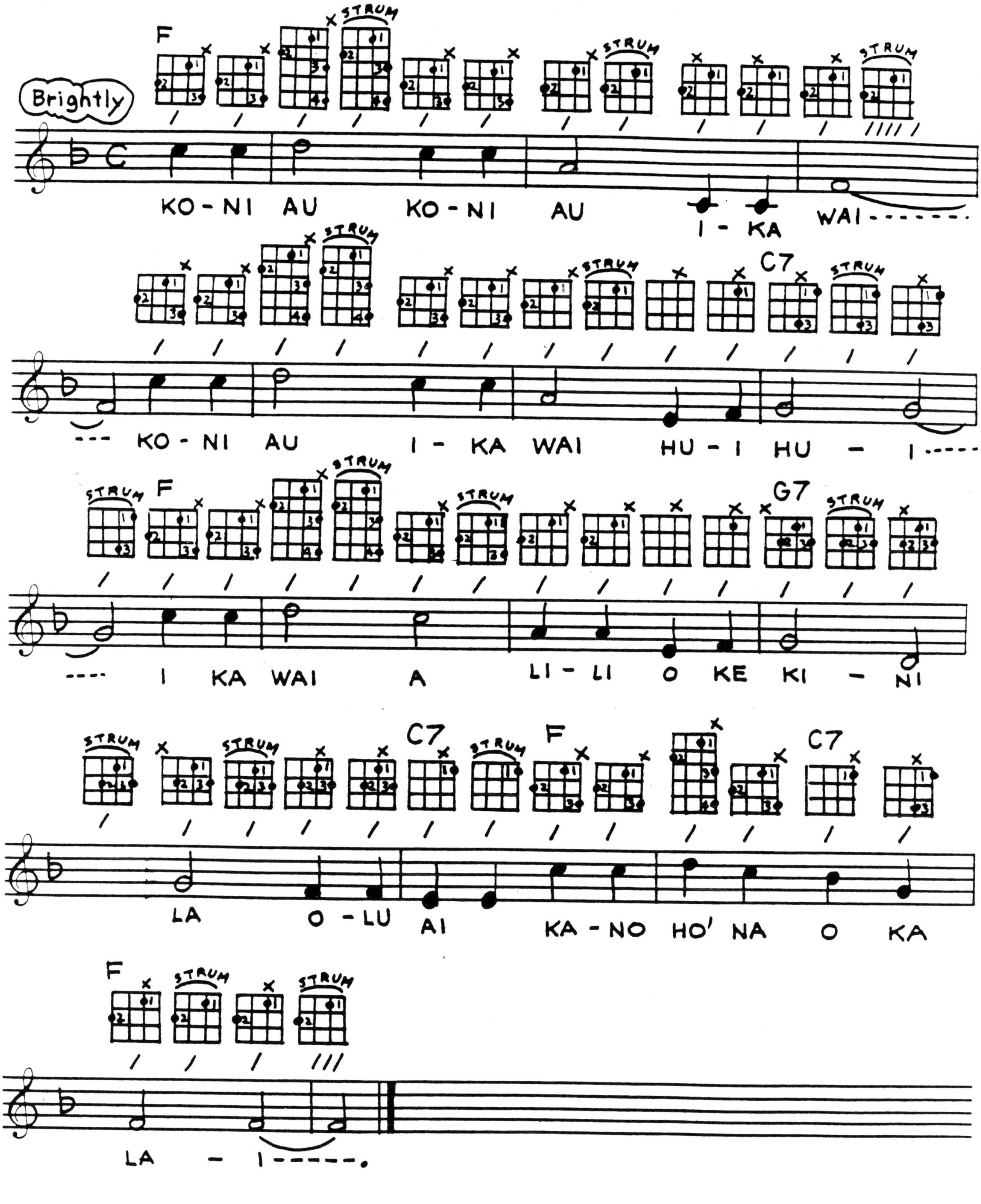

- - - KO - NI AU I - KA WAI HU - I HU - I - - - - -

- - - - I KA WAI A LI - LI O KE KI - NI

LA O - LU AI KA - NO HO' NA O KA

LA - I - - - - - .

Makalapua

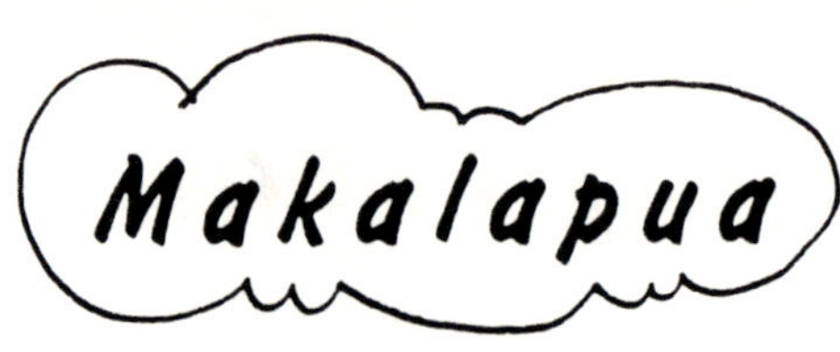

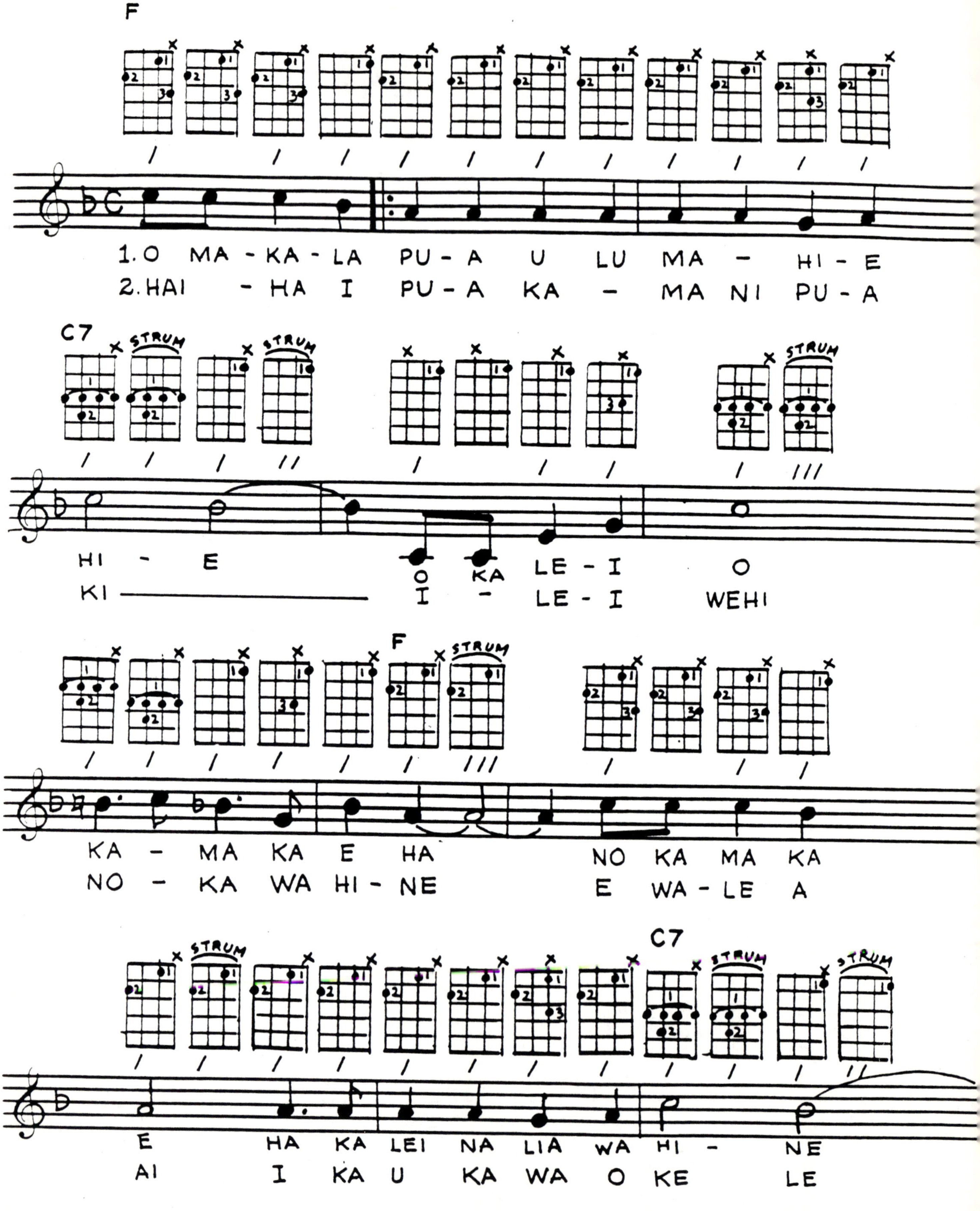
F
1. O MA - KA - LA PU - A U LU MA - HI - E
2. HAI - HA I PU - A KA - MA NI PU - A
C7
STRUM
HI - E O KA LE - I O
KI I - LE - I WEHI
F
KA - MA KA E HA NO KA MA KA
NO - KA WA HI - NE E WA - LE A
C7
E HA KA LEI NA LIA WA HI - NE
AI I KA U KA WA O KE LE

Makalapua (continued)

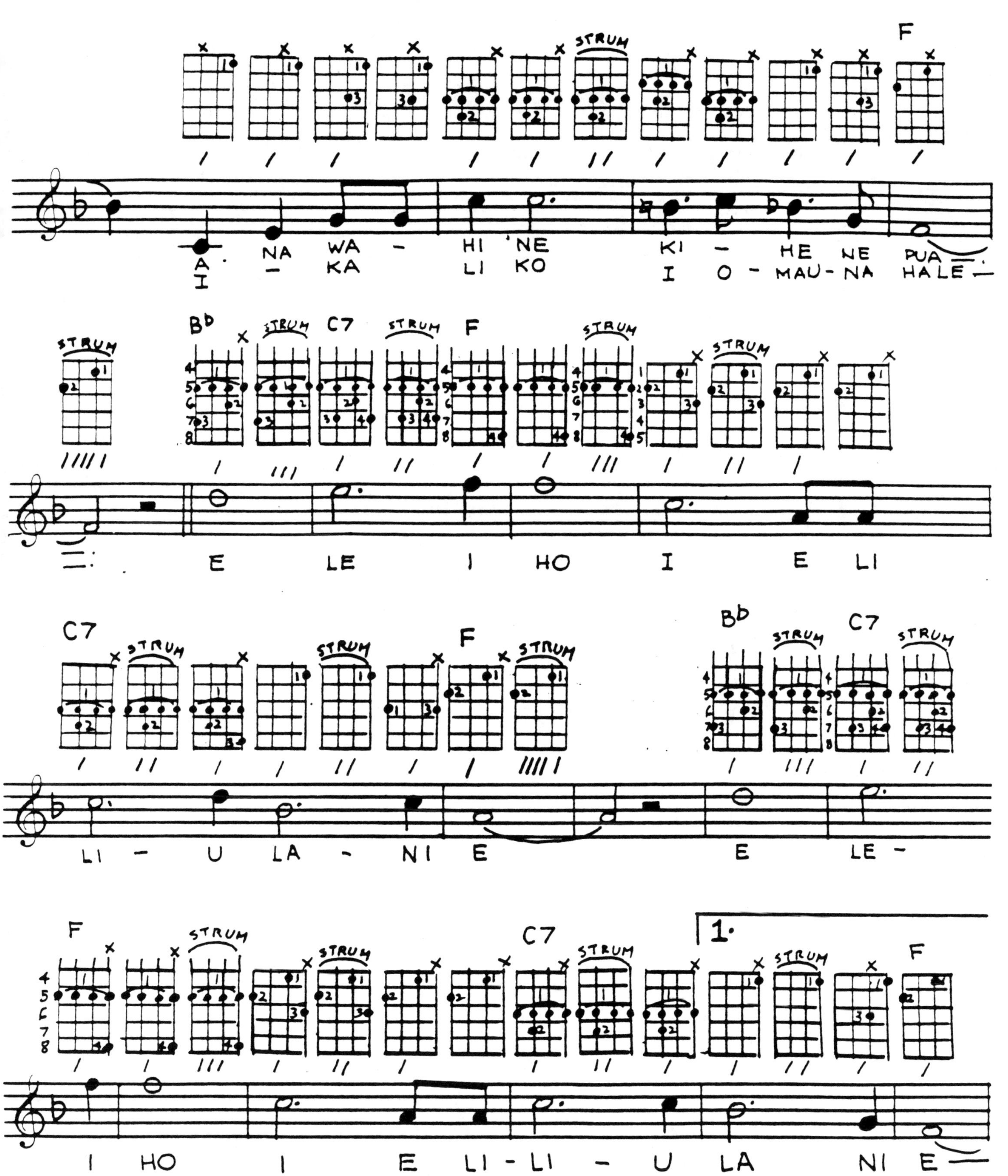

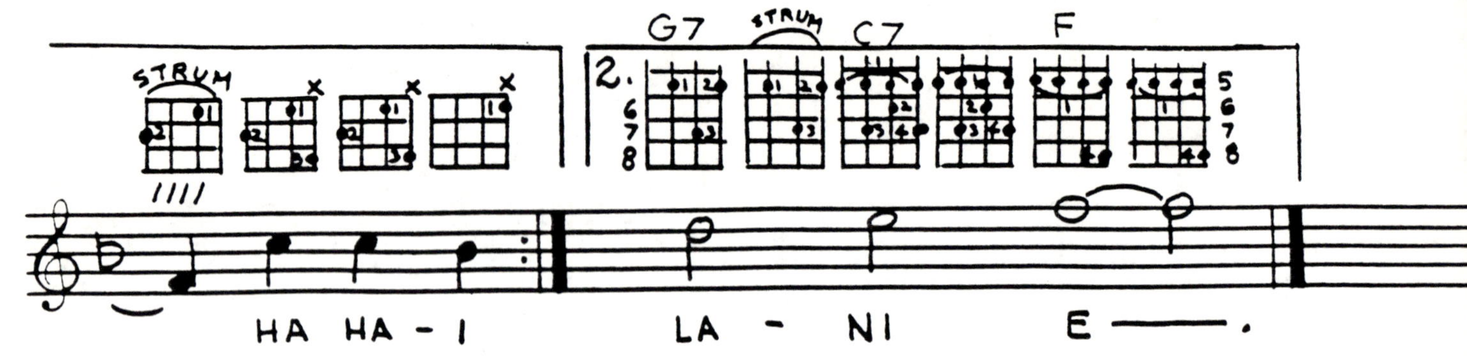

"MAKALAPUA"

The words to this song honoring Queen Liliuokalani were taken by Konia, apparently Liliu's foster mother and mother of Pauahi Bishop, from an old chant.

The music by Eliza Holt was adapted from the tune "Would I Were With Thee". Liliu thought that chants were going out of fashion and asked that music be written for the song.

Liliu's two names, "Liliu"(smarting) and "Kamakaeha" (the sore eye) were given at her birth by the regent Kinau who suffered from sore eyes) Hawaiians dated a child's birth by naming the child for some important event happening at that time--even one's sore eyes. This custom was useful before dates were written, but still continues.

F C7 F Bb F

STRUM STRUM STRUM STRUM STRUM STRUM

O, BEAU - TI - FUL I LI - MA,

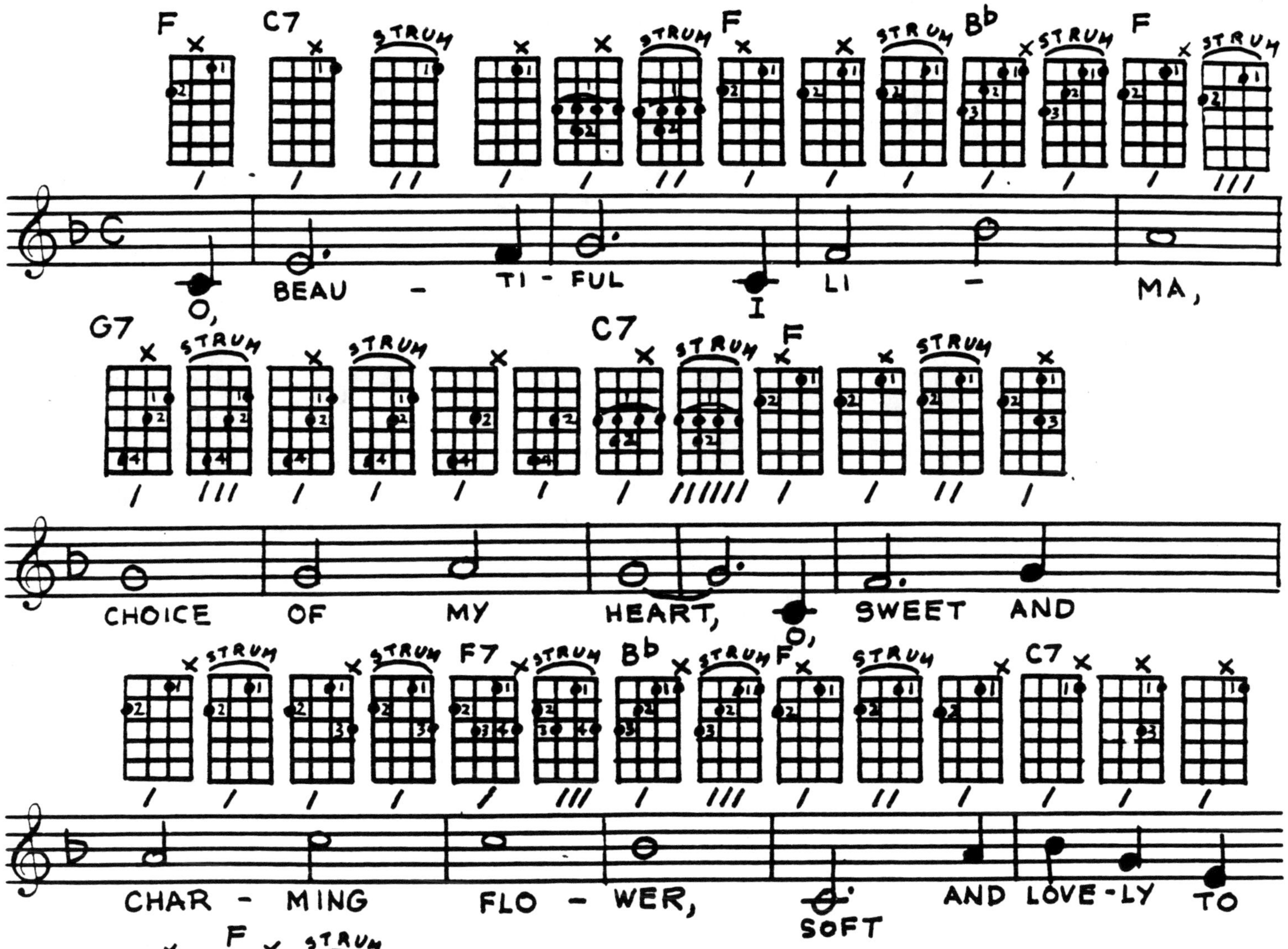

G7 C7 F

STRUM STRUM STRUM STRUM

CHOICE OF MY HEART, O, SWEET AND

F7 Bb F C7

STRUM STRUM STRUM STRUM STRUM

CHAR - MING FLO - WER, SOFT AND LOVE-LY TO

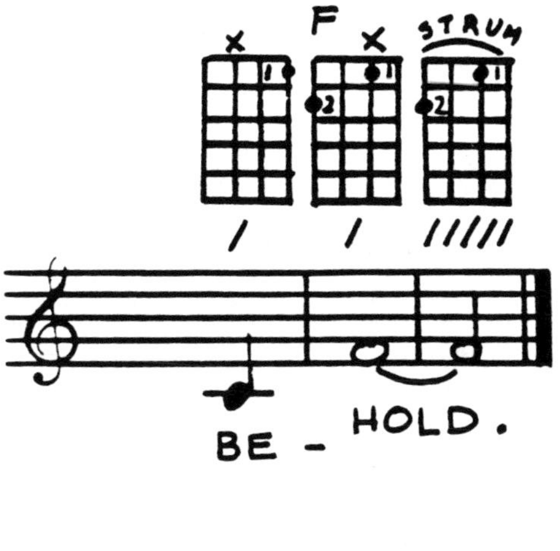

F

STRUM

BE - HOLD.

This song was written by Princess Emma Alexandria Kano'a DeFries in honor of her first-born son John Alexander Liholiho Kalanenokoponoo. An alternate title to this song is "Liholiho".

THE ORIGINAL TITLE TO THIS SONG WAS "KE ALA TUBEROSE", WRITTEN BY JOSEPH K. AE'A, A MEMBER OF THE ROYAL HAWAIIAN BAND. HE COMPOSED IT IN HILO WHERE HE WAS SENT WITH THE BAND AT THE REQUEST OF THEN PRINCESS AND LATER QUEEN LILIUOKALANI.

THE TITLE HAD BEEN CHANGED TO "HILO MARCH" AND PLAYED IN AUGUST 1881 BY THE ROYAL HAWAIIAN BAND UNDER CAPT. HENRI BERGER.

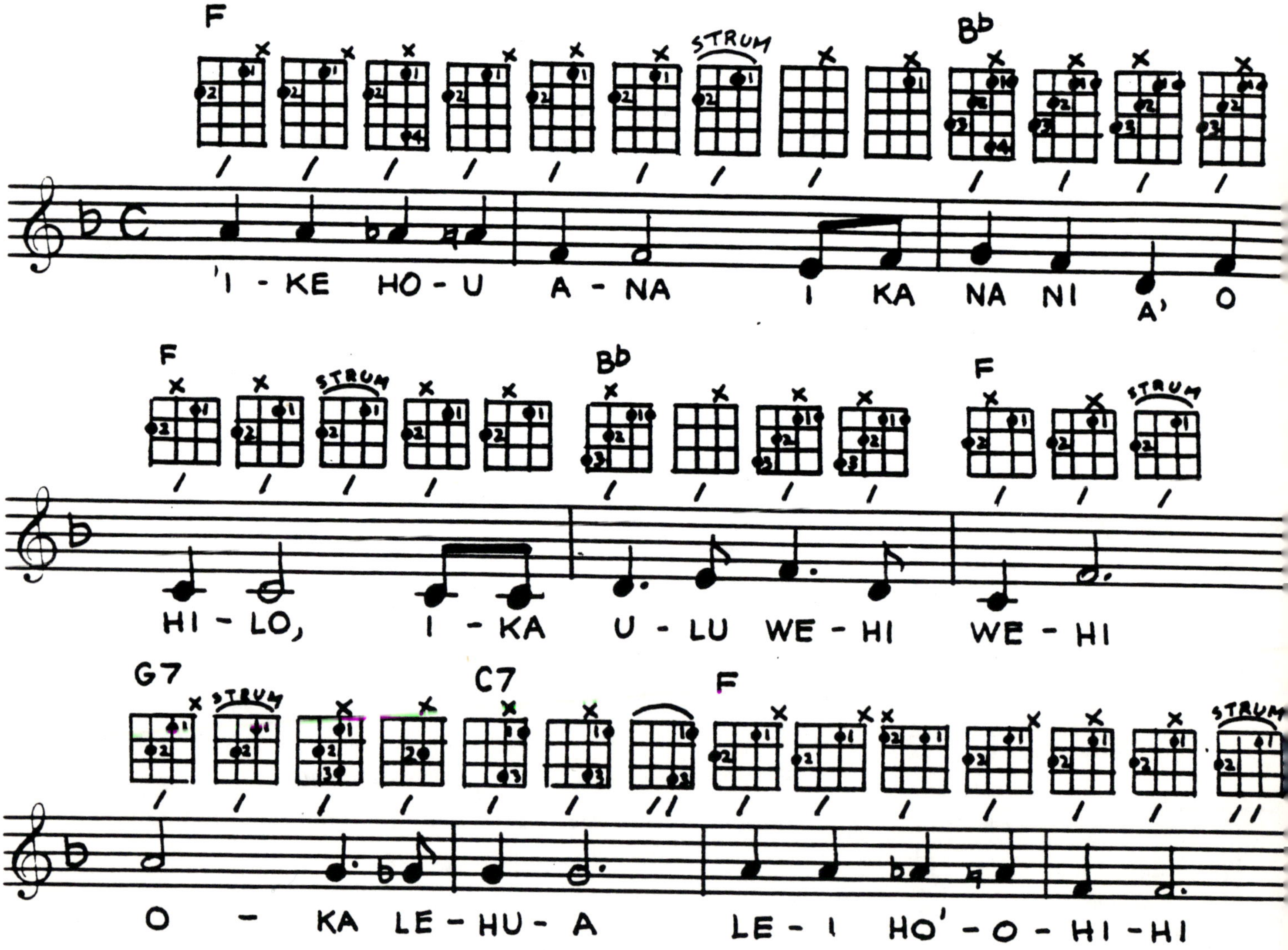

F STRUM Bb

'I - KE HO - U A - NA I KA NA NI A' O

F STRUM Bb F STRUM

HI - LO, I - KA U - LU WE - HI WE - HI

G7 STRUM C7 F STRUM

O - KA LE - HU - A LE - I HO' - O - HI - HI

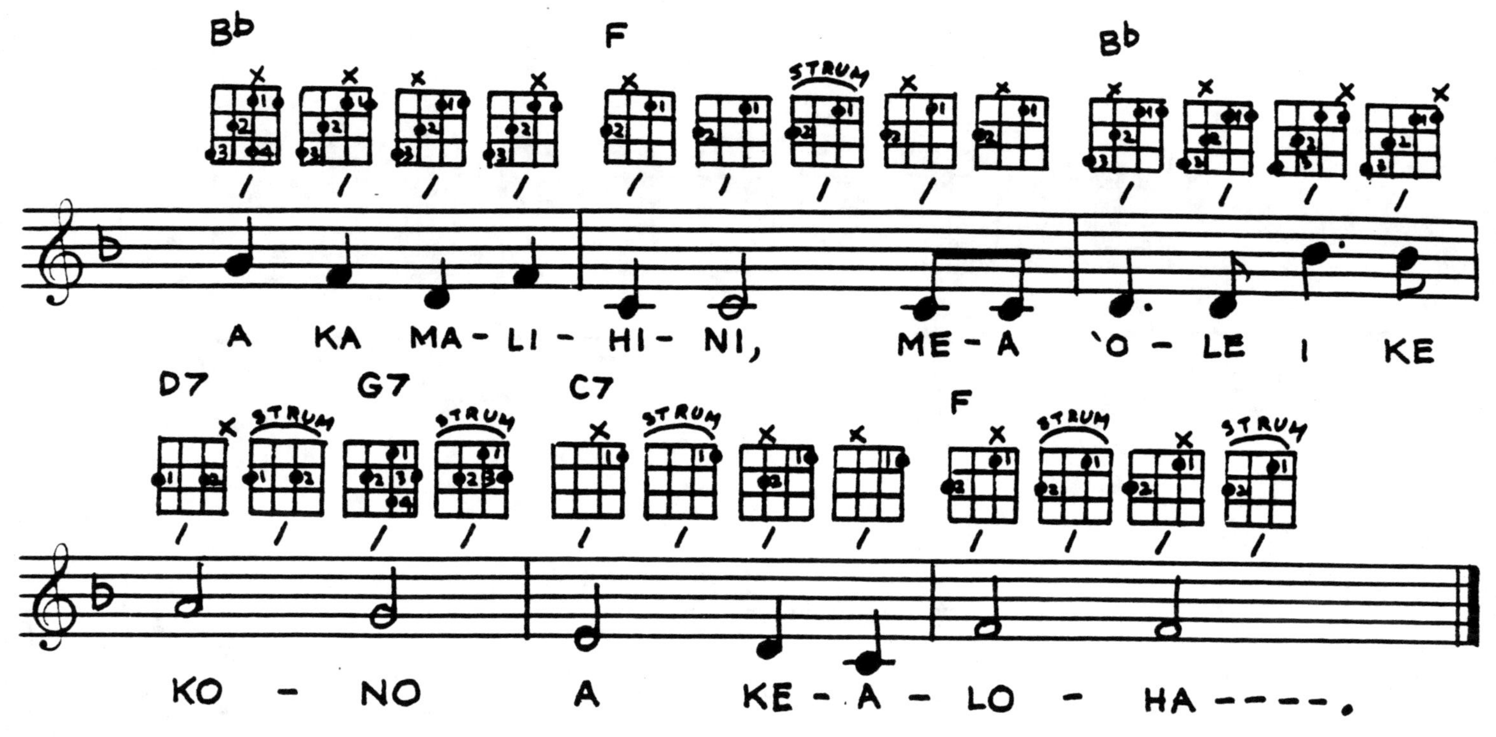

"ON THE BEACH AT WAIKIKI"

THIS EVER POPULAR PIECE WAS ORIGINALLY WRITTEN BY HENRY KAILIMAI. HOWEVER, THE FAMOUS HAWAIIAN SONGS COMPOSER "SONNY" CUNHA IS SAID TO HAVE ARRANGED AND REWRITTEN THE SONG. TO WHAT EXTENT THE SONG WAS MODIFIED--IF AT ALL--IS NOT KNOWN.

("SONNY" CUNHA GRADUATED AS A LAWYER BUT OPTED TO PURSUE MUSIC AS HIS CAREER.)

On The Beach At Waikiki

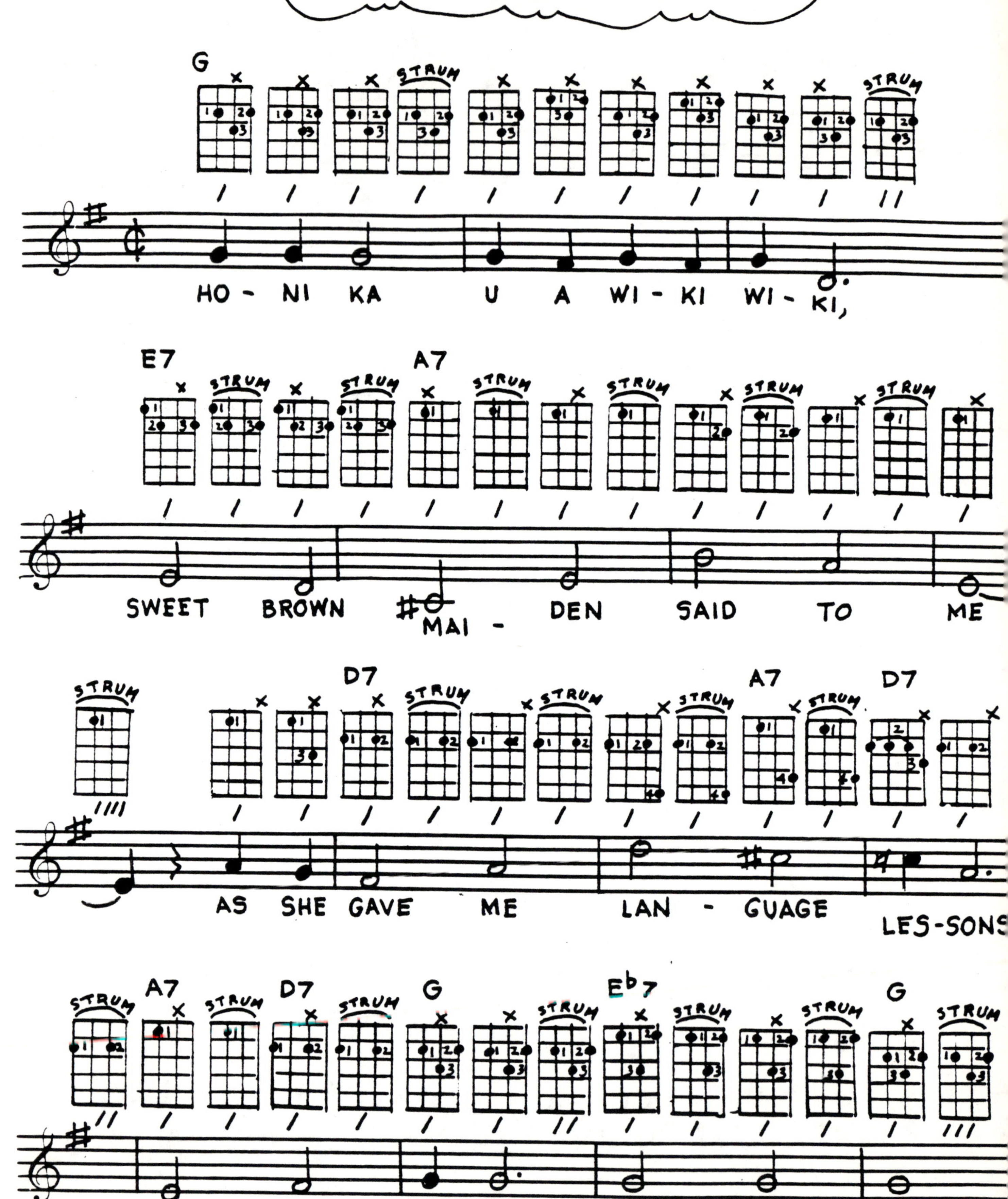

Royal Hawaiian Hotel
Mary Pula'a Robins
C
STRUM
1. U - LU - WE - HI WE - HI OE I KA'U I - KE LA,
2. (KA - MO) E - NA WE - LE WEKA MOE KA U - A LA,
STRUM
A7
D7
E - KA RO - YAL HA - WAI - IAN HO - TEL
HE PA KIKA HE PA - HE - E MAIKAI NEI
G7
B
C
A - HE NA - NI LA, KE HU - LA - LI - NEI
A - HE NA - NI LA, KE HU - LA - LI - NEI
AHE NA - NI MA - O LI NO —. (VAMP)
AHE NA - NI MA - O LI NO —.

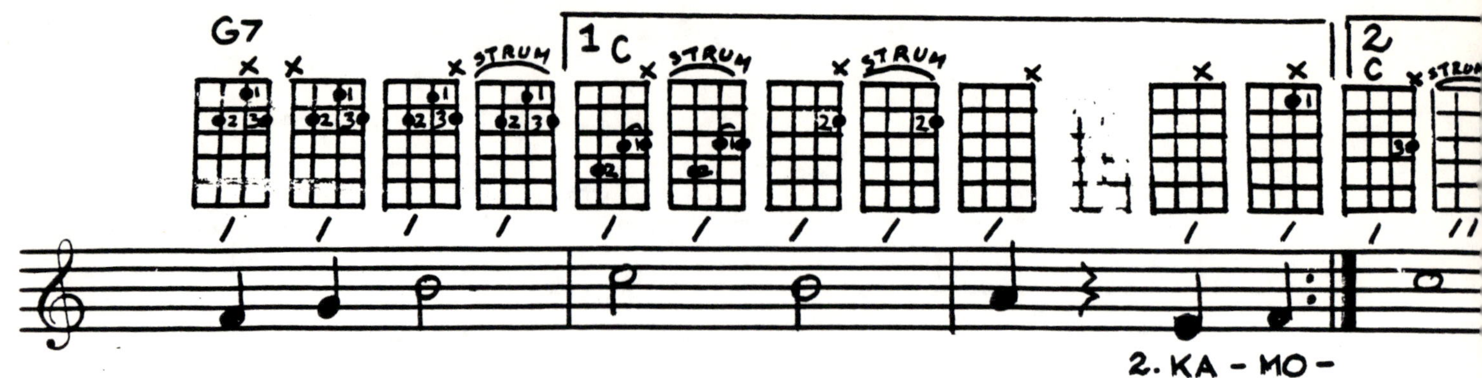

3. KA PAIA MAPALA OMAOMAO LA,
HE PIPIO MAU E KE ANUEANUE,
AHE NANI LA, KE HULALI NEI,
AHE NANI MAOLI NO.

4. O KA HONE A KE KAI I KA PUUONE LA,
ME KE ALA LIPOA E MOANI NEI,
A HE NANI LA, KE HULALI NEI,
A HE NANI MAOLI NO.

5. O KA HOLU NAPE A KA LAU AKA NIU LA,
I KE KULUKULU AUMOE,
A HE NANI LA, KE HULALI NEI,
A HE NANI MAOLI NO.

6. KA HOKU LOA NO KOU ALAKAI,
O KA MANA KAHI KOLU KOU HOME LA,
A HE NANI LA, KE HULALI NEI,
A HE NANI MAOLI NO.

7. E-OE KA ROYAL HAWAIIAN HOTEL,
KOU INOA HANOHANO IA LA,
A HE NANI LA, KE HULALI NEI,
A HE NANI MAOLI NO.

SUPPLEMENTARY STRUMMING SHEETS

WHEN STRUMMING EACH SHEET IN THIS SECTION BE SURE TO FOLLOW THE EXACT TIMING AS INDICATED BY THE SLANT LINES AT LEAST AT THE BEGINNING. ALSO BE SURE TO CHANGE CHORDS ON THE EXACT SLANT LINE.

THE EXACT TIMINGS OF VOICE, CHORD CHANGES, AND NUMBER OF STRUMS IS IMPORTANT IN UKULELE GROUP PLAYING. IF YOUR GROUP IS RELATIVELY NEW, FOLLOWING THESE SHEETS EXACTLY WILL HELP THE BEGINNERS DEVELOP CONFIDENCE AT THE START UNTIL THEY BECOME MORE PROFICIENT AT CREATIVE STRUMMING.

Strumming "Sweet Lei Lehua" In The Key Of "F"

Match Your Voice First!

//// //// // //

BE STILL MY PUU-

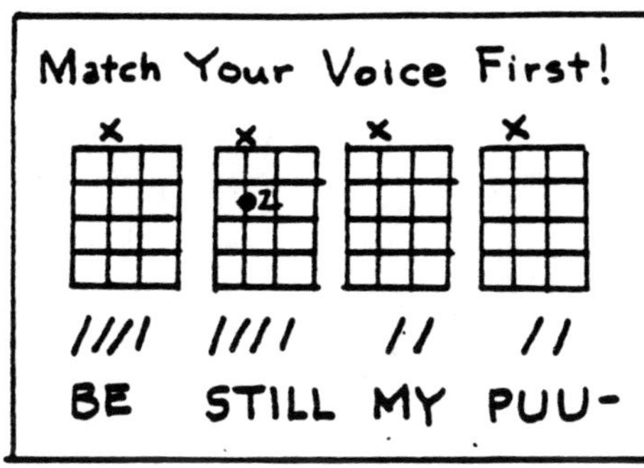

F Dm F G7 C7 Bb C7 G7 C7

//// //// / // // //// //// /// / // // ////

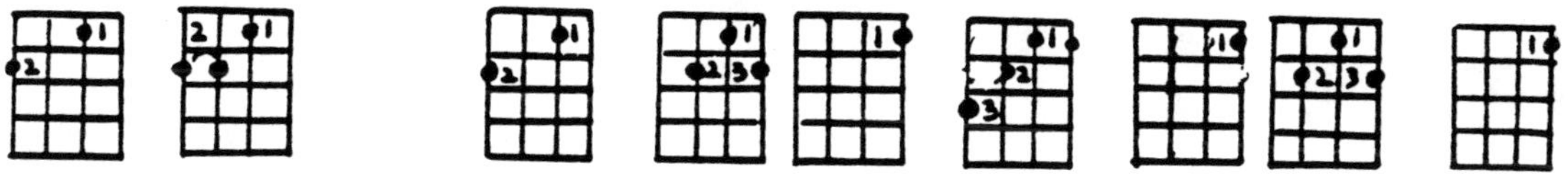

1. BE STILL MY PU - U - WAI, E NA- E I - KI NEI

Chorus: BE TRUE TO ME FAIR — ONE, BE TRUE TO ME I TROW

F F7 Bb C7 Bb G7

/// / /// / // // ////

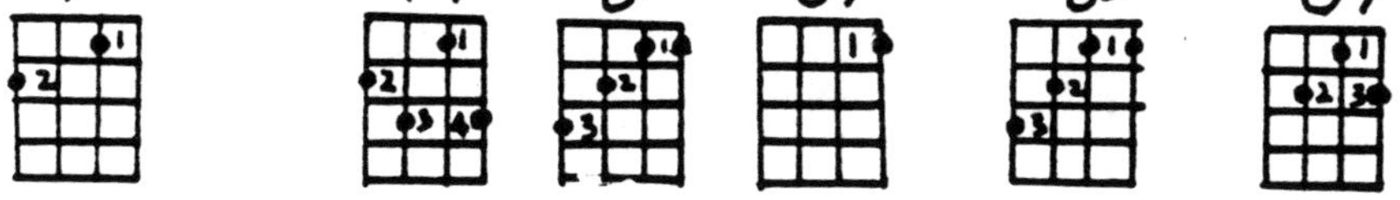

HA - NU MA - LIE NAHE NAHE

GIVE ME THE HAND I WANT,

C7 G7 C7 F

//// // // //// ////

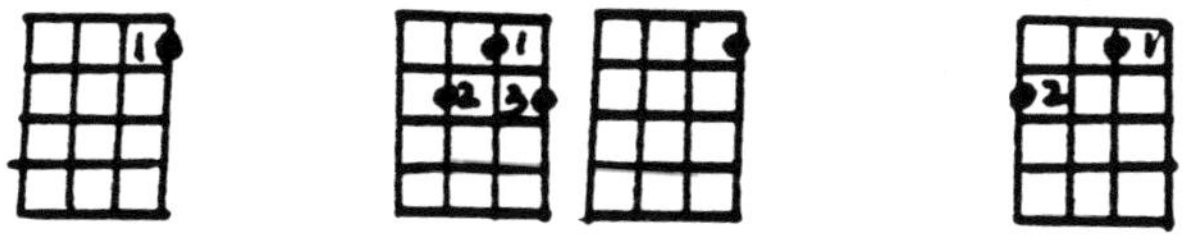

SWEET LEI LE- HU - A.

SWEET LEI LE - HU - A.

Strumming "Sweet Lei Lehua" In The Key Of "G"

Match Your Voice First!

//// //// // //

BE STILL MY PUU-

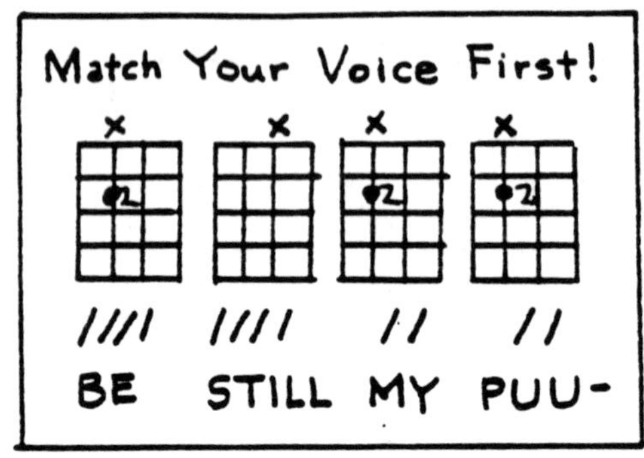

G Am G A7 D7 C D7 A7 D7

//// //// / // // //// //// /// / // // ////

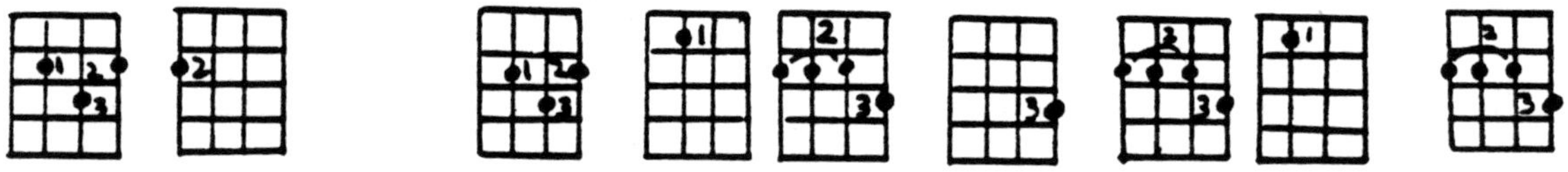

1. BE STILL MY PU – U - WAI, E NA- E I – KI NEI

Chorus: BE TRUE TO ME FAIR — ONE, BE TRUE TO ME I TROW

G G7 C D7 C A7

/// / /// / // // ////

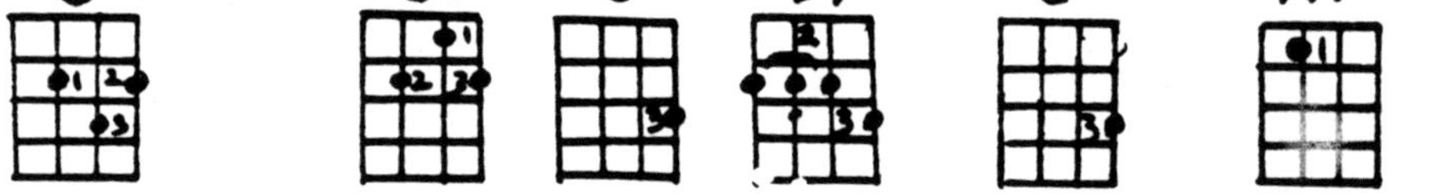

HA - NU MA - LIE NAHE NAHE

GIVE ME THE HAND I WANT,

D7 A7 D7 G

//// // // //// ////

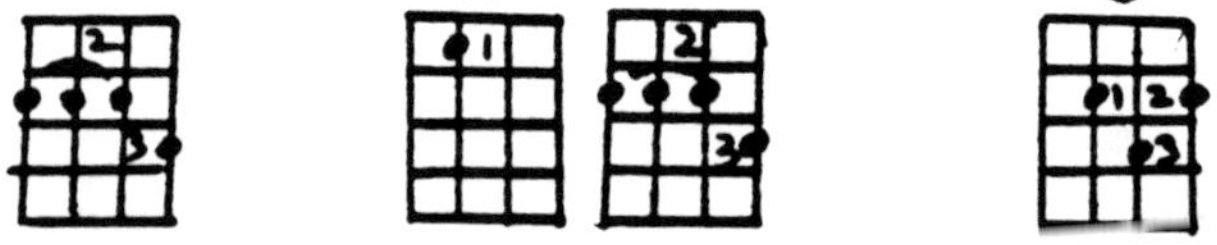

SWEET LEI LE- HU – A.

SWEET LEI LE - HU - A.

Strumming "Sweet Lei Lehua" In The Key Of "C"

C Am C D7 G7 F G7 D7 G7

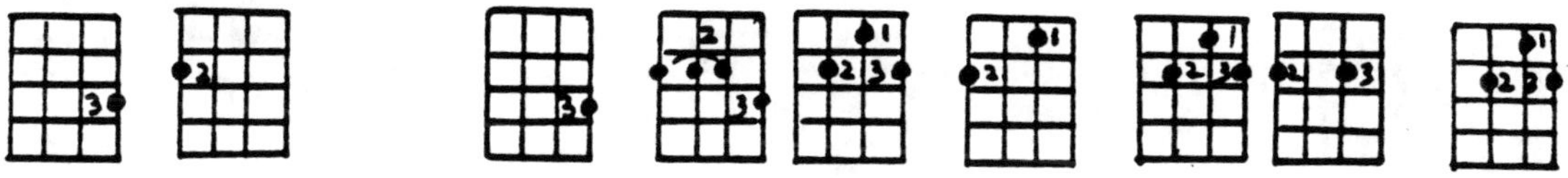

//// //// / // // //// //// /// / // // ////

1. BE STILL MY PU - U - WAI, E NA- E I - KI NEI

Chorus: BE TRUE TO ME FAIR — ONE, BE TRUE TO ME I TROW

C C7 F G7 F D7

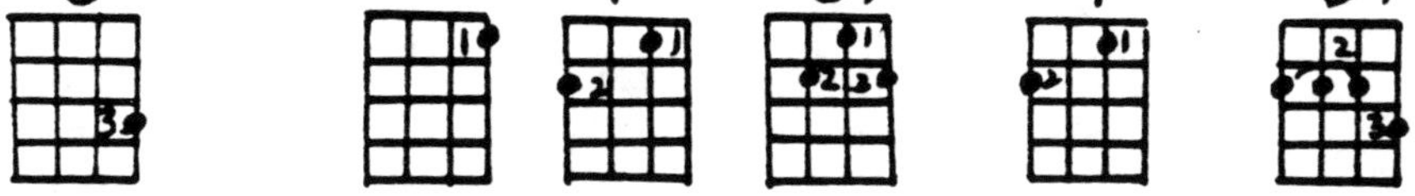

/// / /// / // / / ////

HA - NU MA - LIE NAHE NAHE

GIVE ME THE HAND I WANT,

G7 D7 G7 C

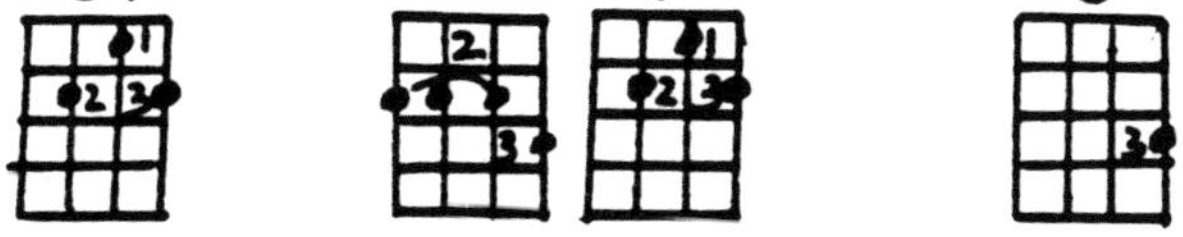

//// // // //// ////

SWEET LEI LE - HU - A.

SWEET LEI LE - HU - A.

Strumming "Sweet Lei Lehua" In The Key Of "D"

Match Your Voice First!

//// //// // //

BE STILL MY PUU-

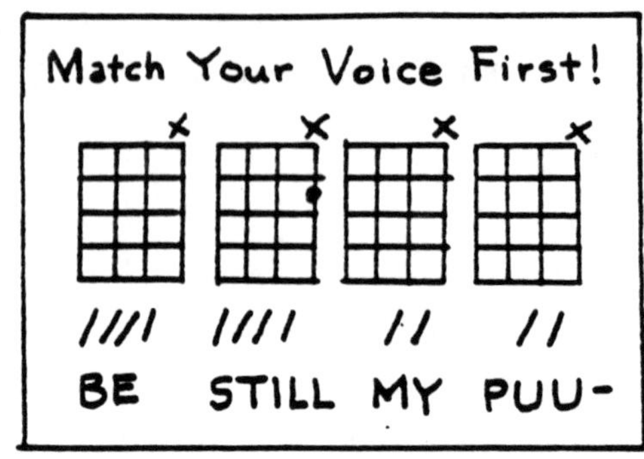

D Bm D E7 A7 G A7 E7 A7

//// //// / // // //// //// /// / // // ////

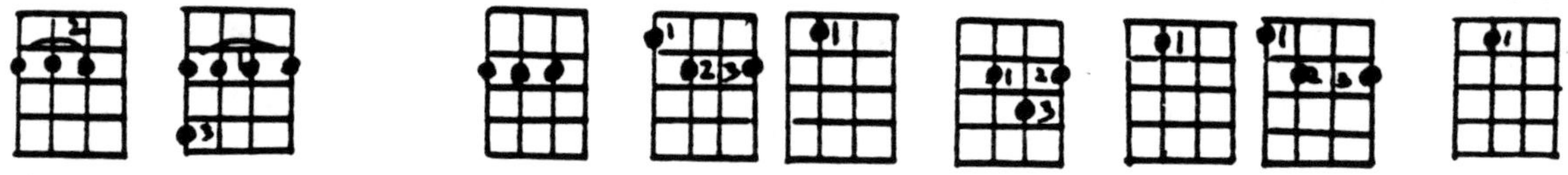

1. BE STILL MY PU – U – WAI, E NA – E I – KI NEI

Chorus: BE TRUE TO ME FAIR — ONE, BE TRUE TO ME I TROW

D D7 G A7 G E7

/// / /// / // / / ////

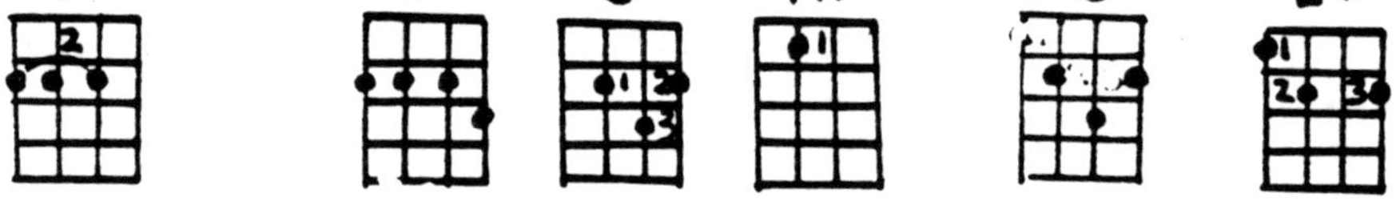

HA – NU MA – LIE NAHE NAHE

GIVE ME THE HAND I WANT,

A7 E7 A7 D

//// // // //// ////

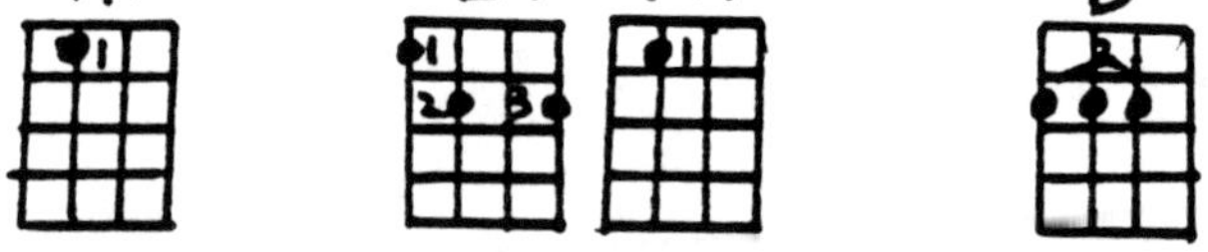

SWEET LEI LE – HU – A.

SWEET LEI LE – HU – A.

"Akahi Hoi" In The Key Of "Bb"

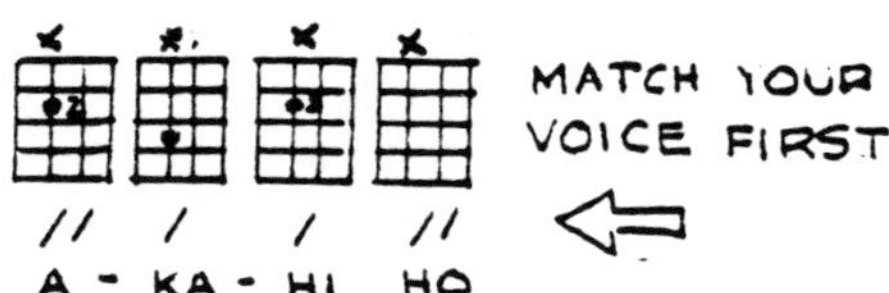

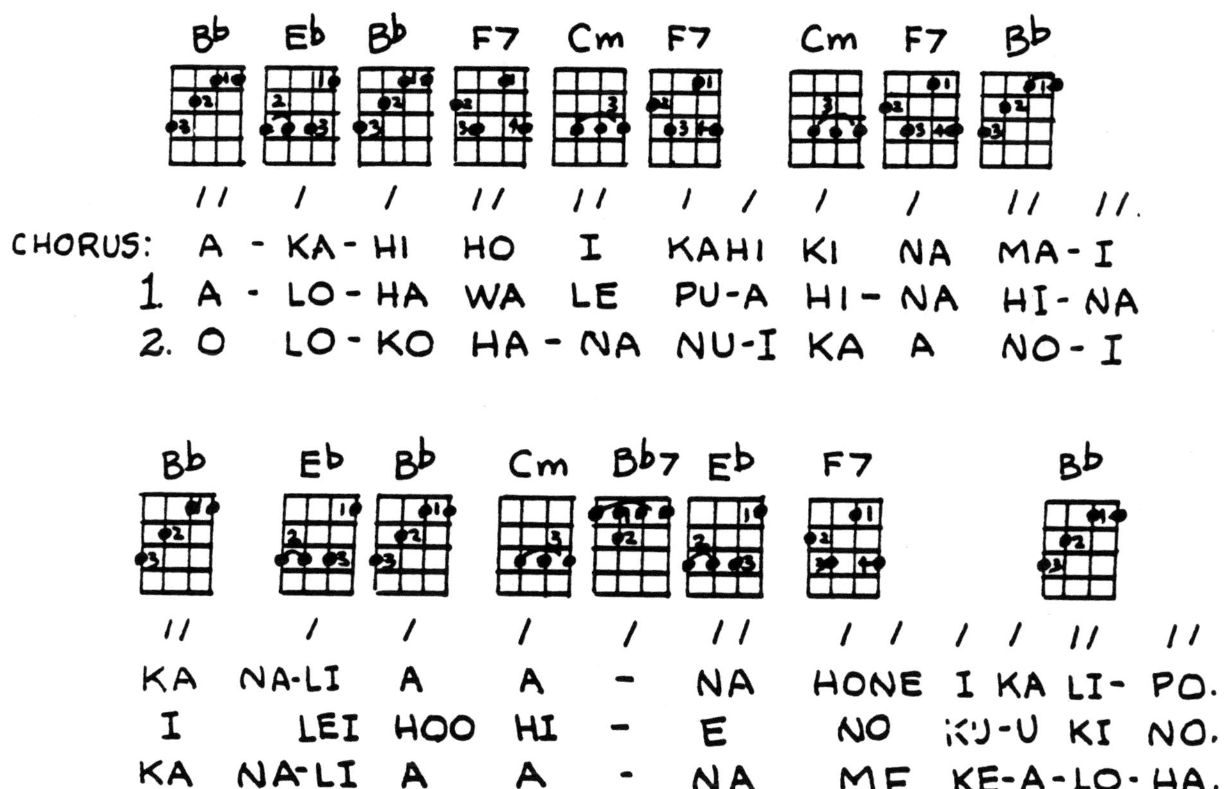

"Akahi Hoi" In The Key Of "A"

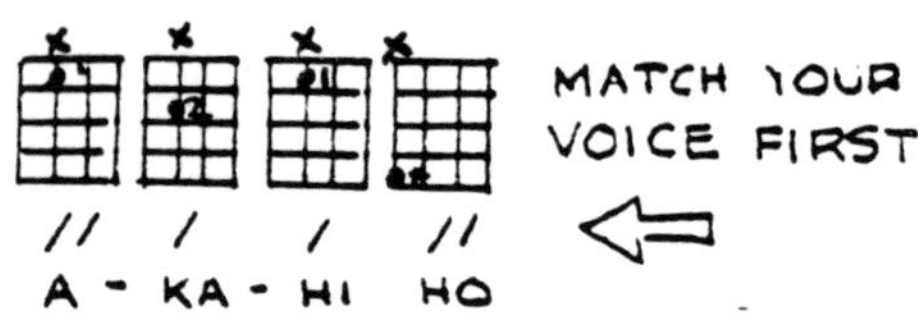

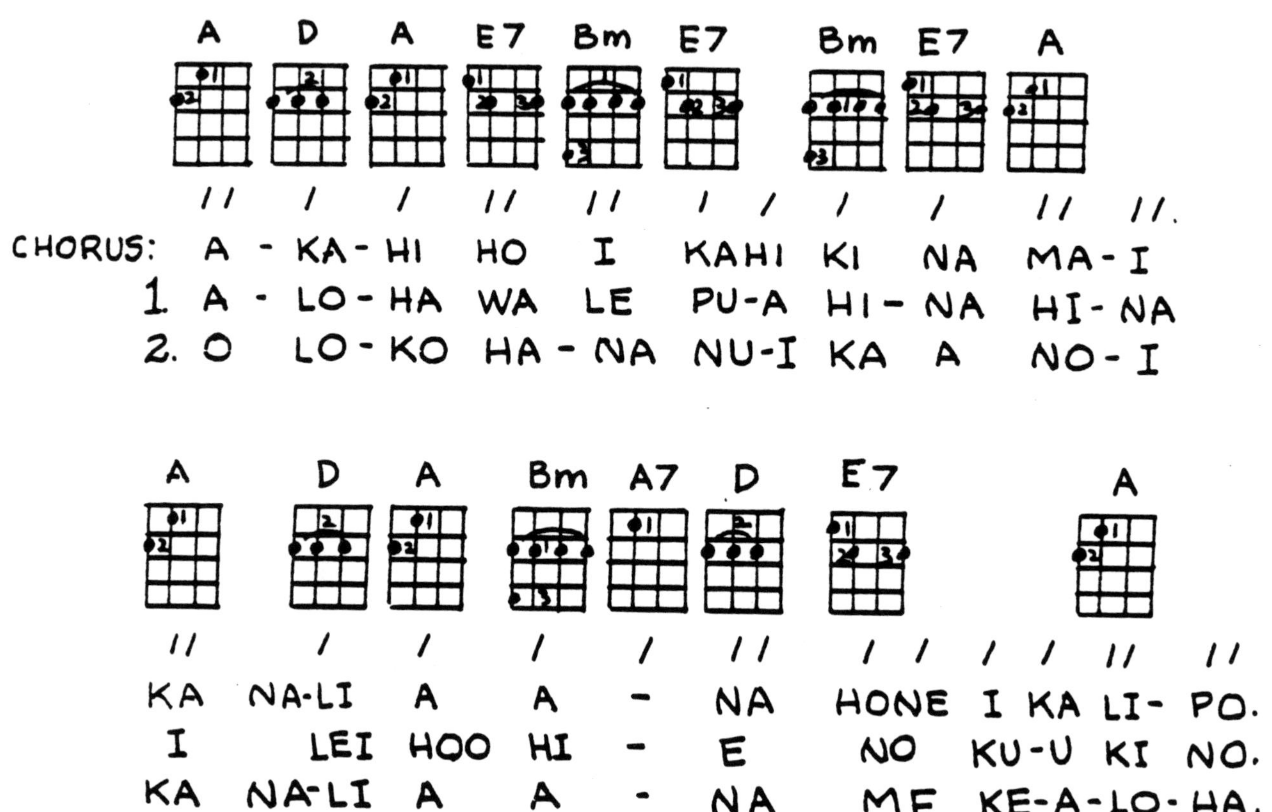

"Akahi Hoi" In The Key Of "G"

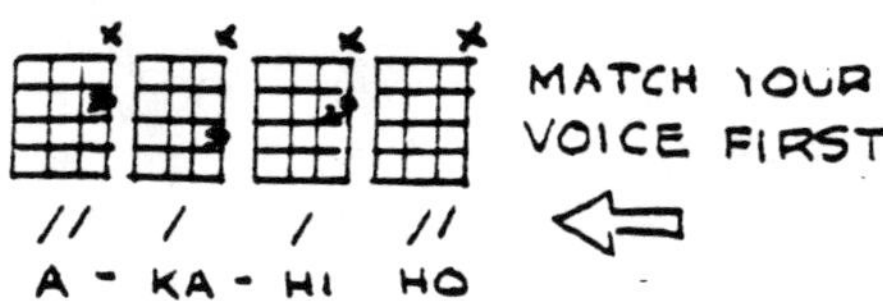

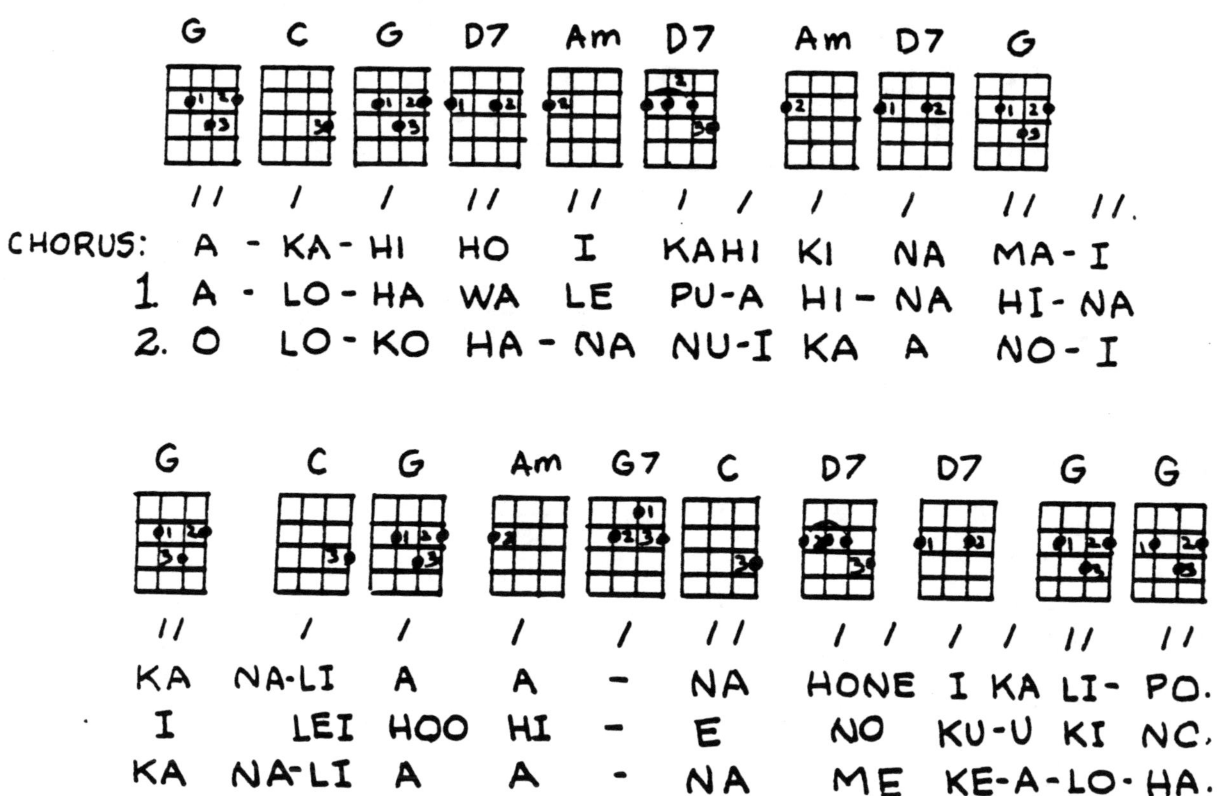

"Akahi Hoi" In The Key Of "Ab"

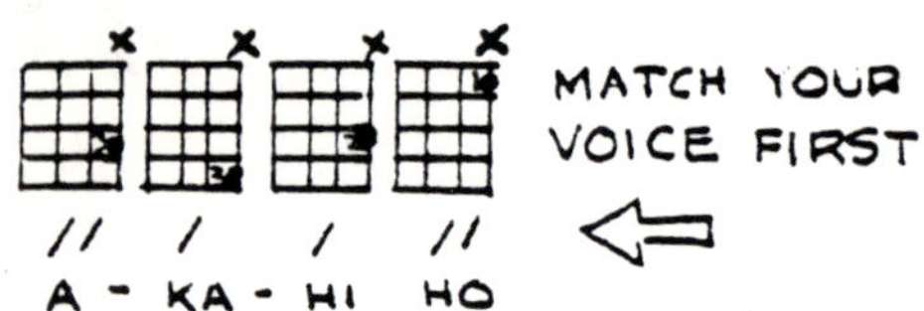

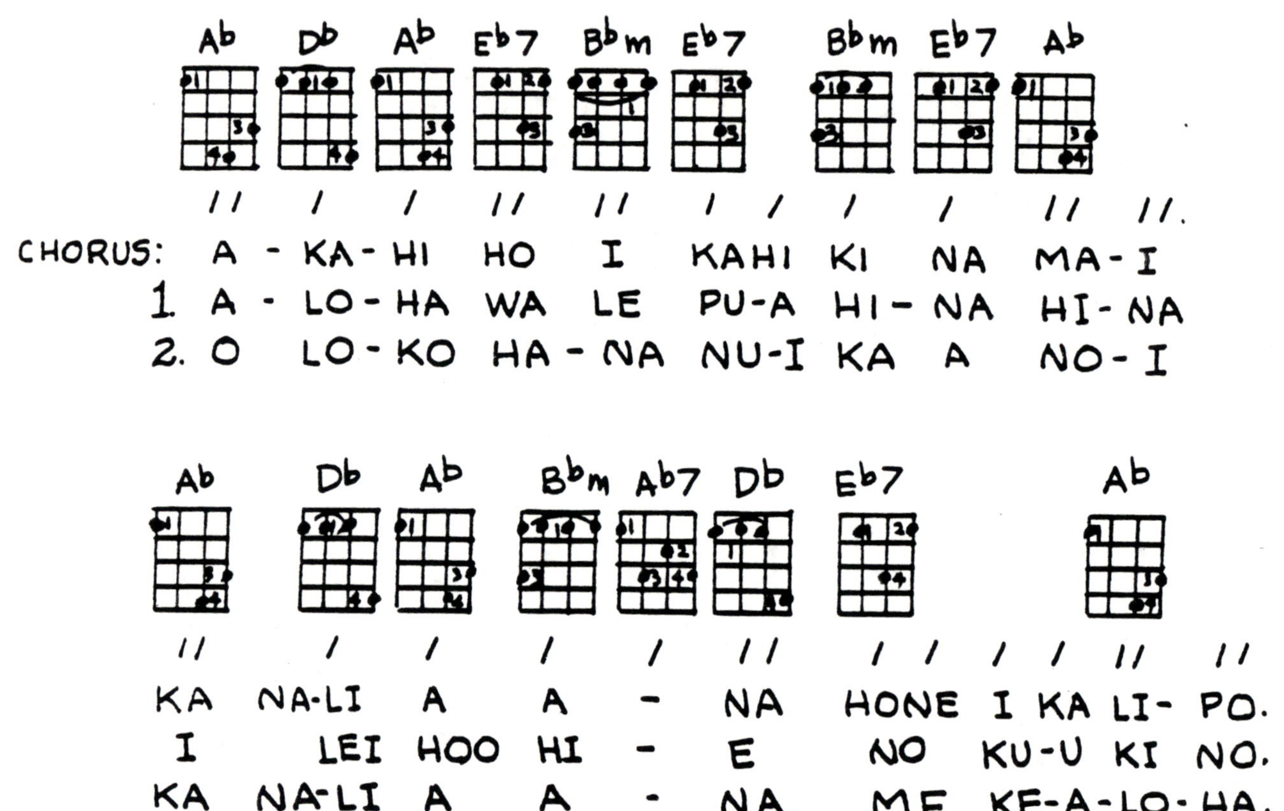

Strumming "Hawaii Aloha" In The Key Of "C"

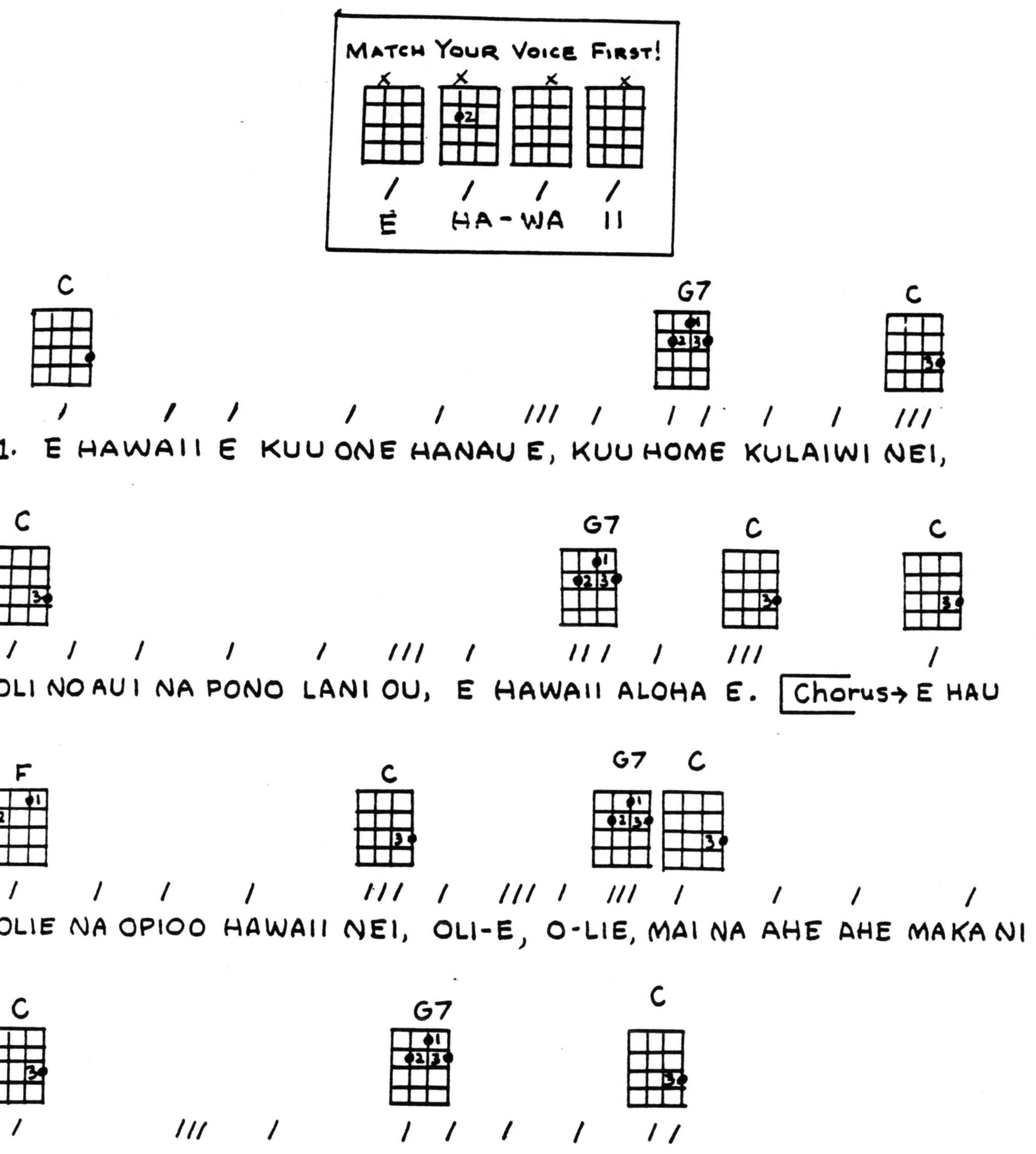

Strumming "Hawaii Aloha" In The Key Of "F"

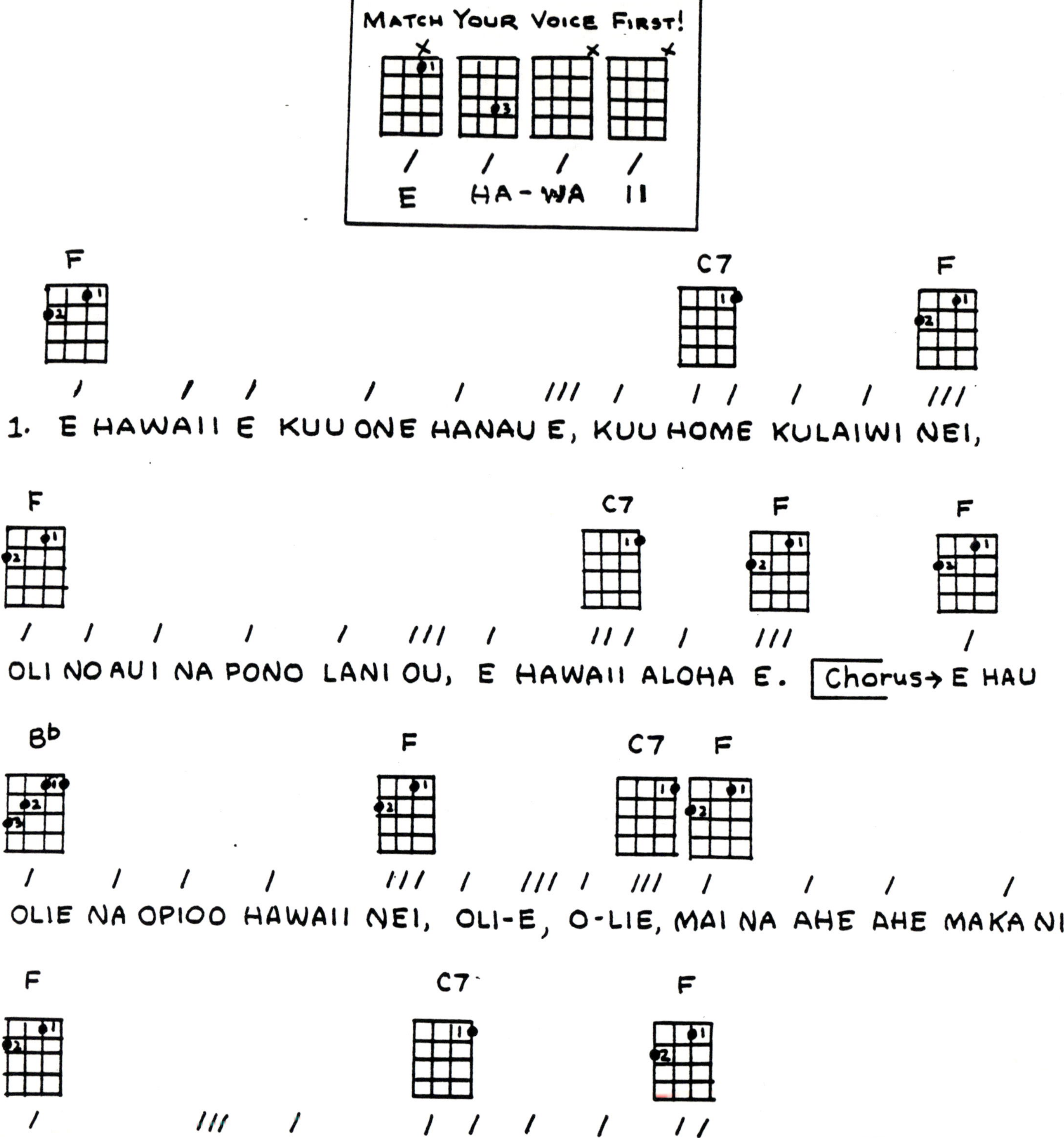

Strumming "Hawaii Aloha" In The Key Of "Ab"

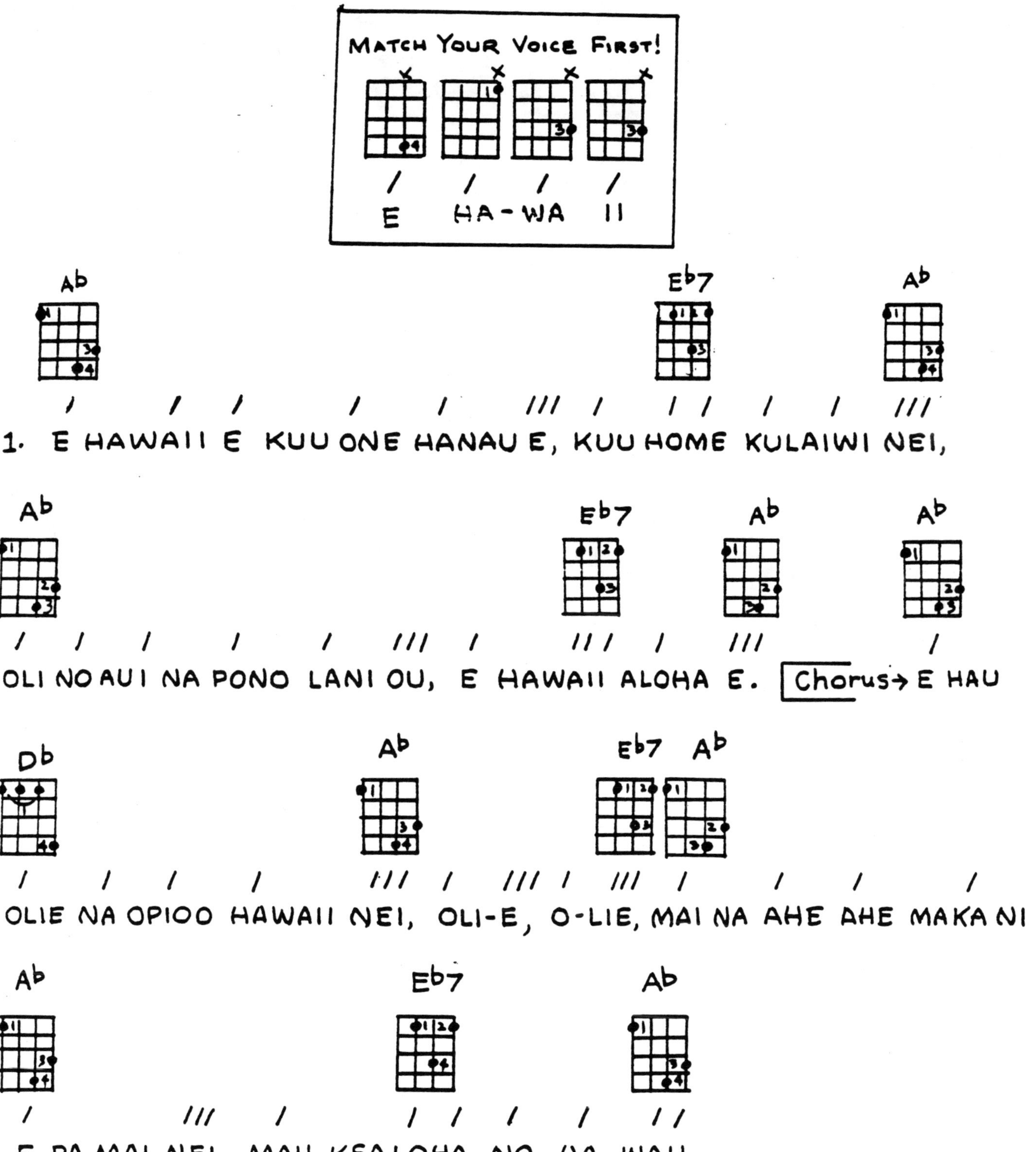

Strumming "Hawaii Aloha" In The Key Of "G"

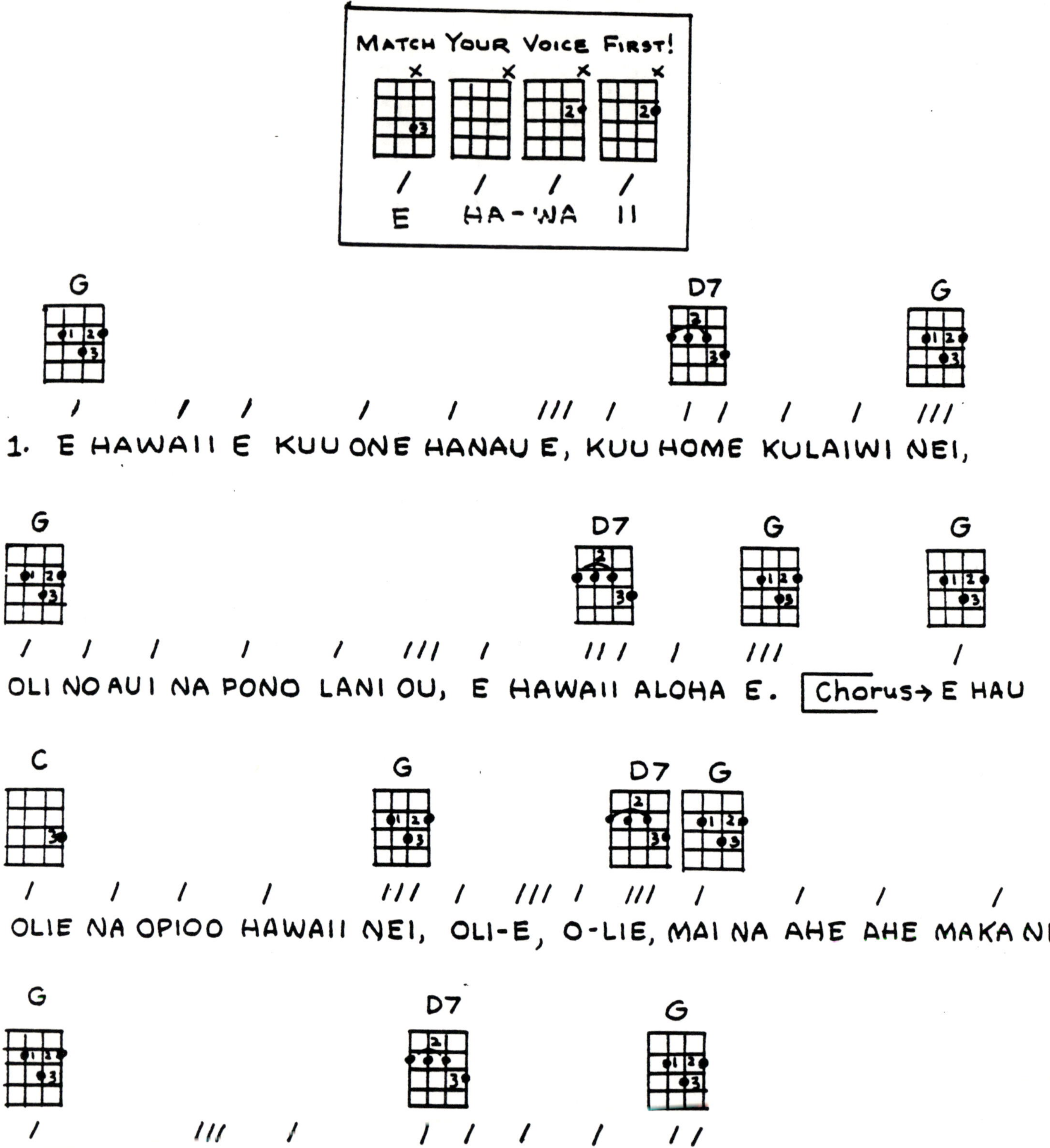

Strumming "Hawaii Aloha" In The Key Of "Eb"

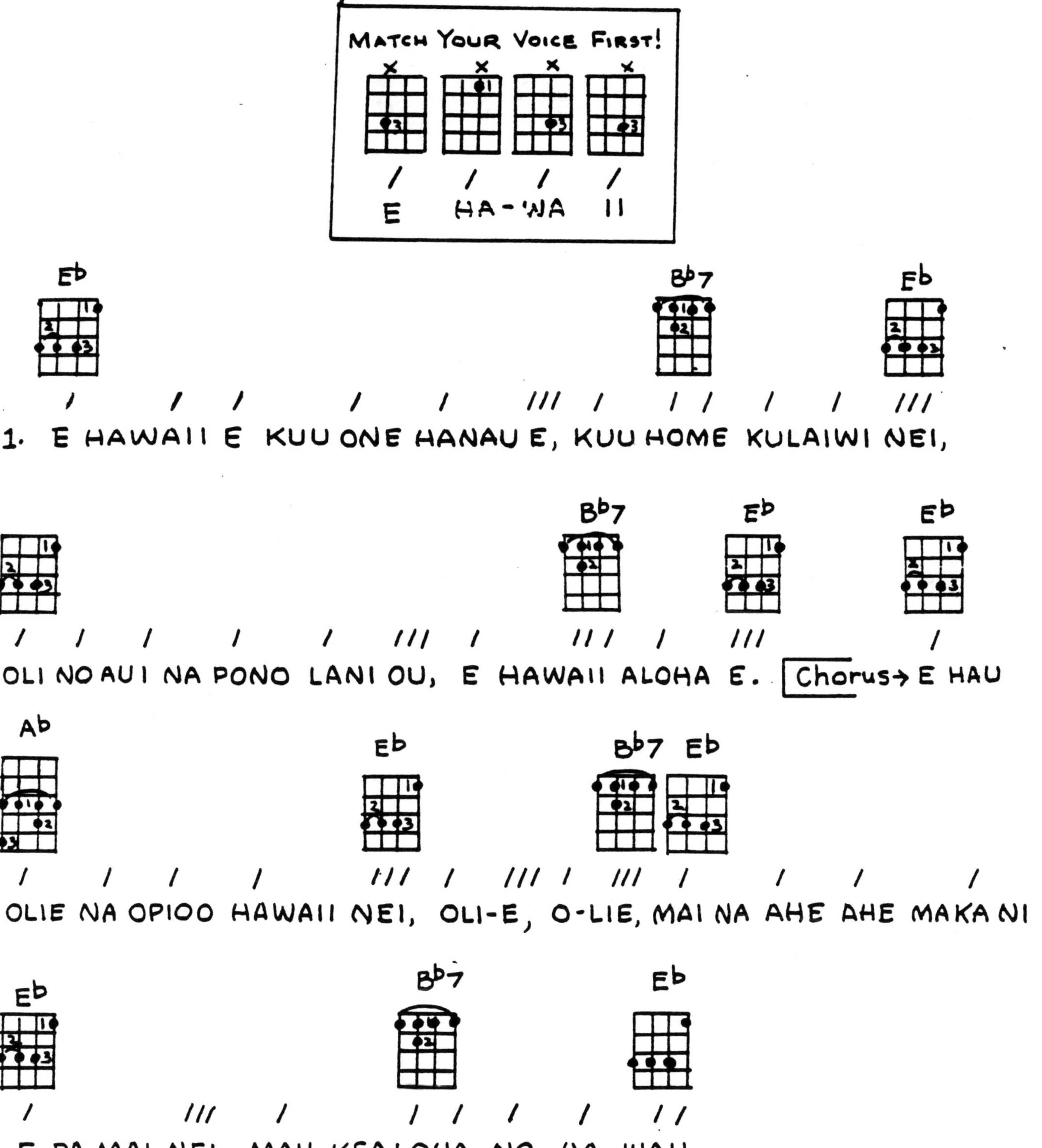

Strumming "Hawaii Aloha" In The Key Of "D"

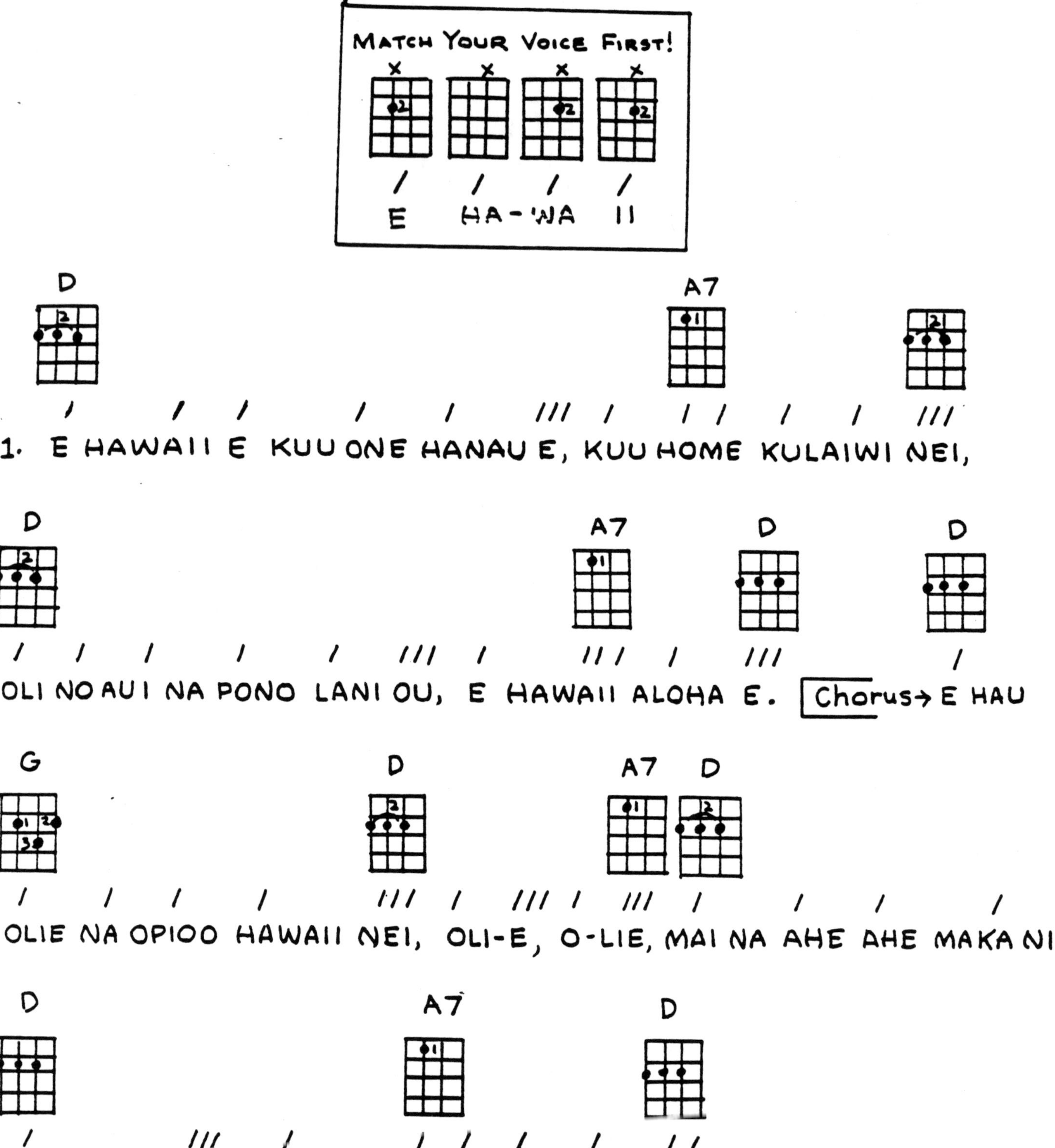

Strumming "Hawaii Aloha" In The Key Of "A"

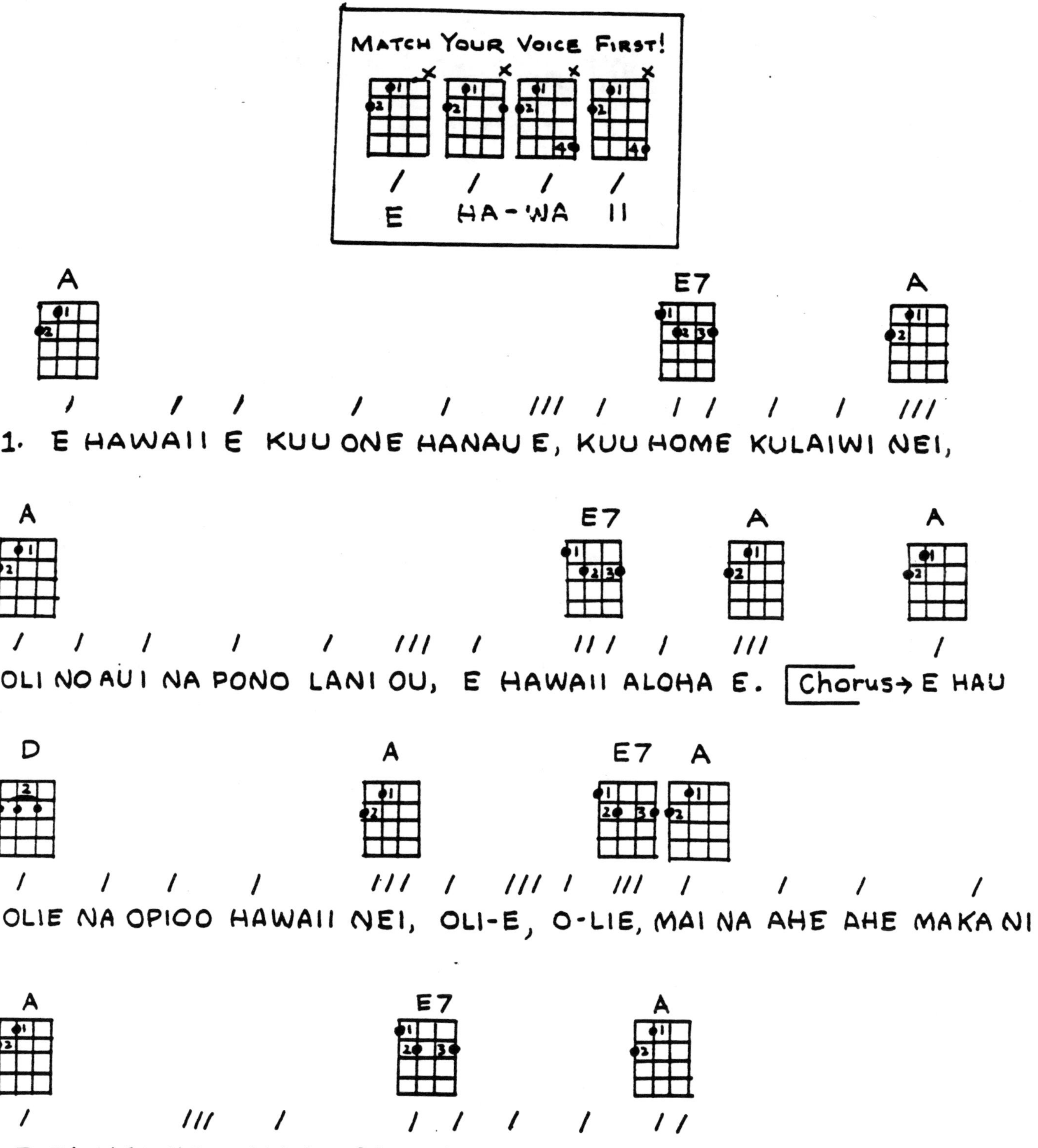

Strumming "Hawaii Aloha" In The Key Of "Bb"

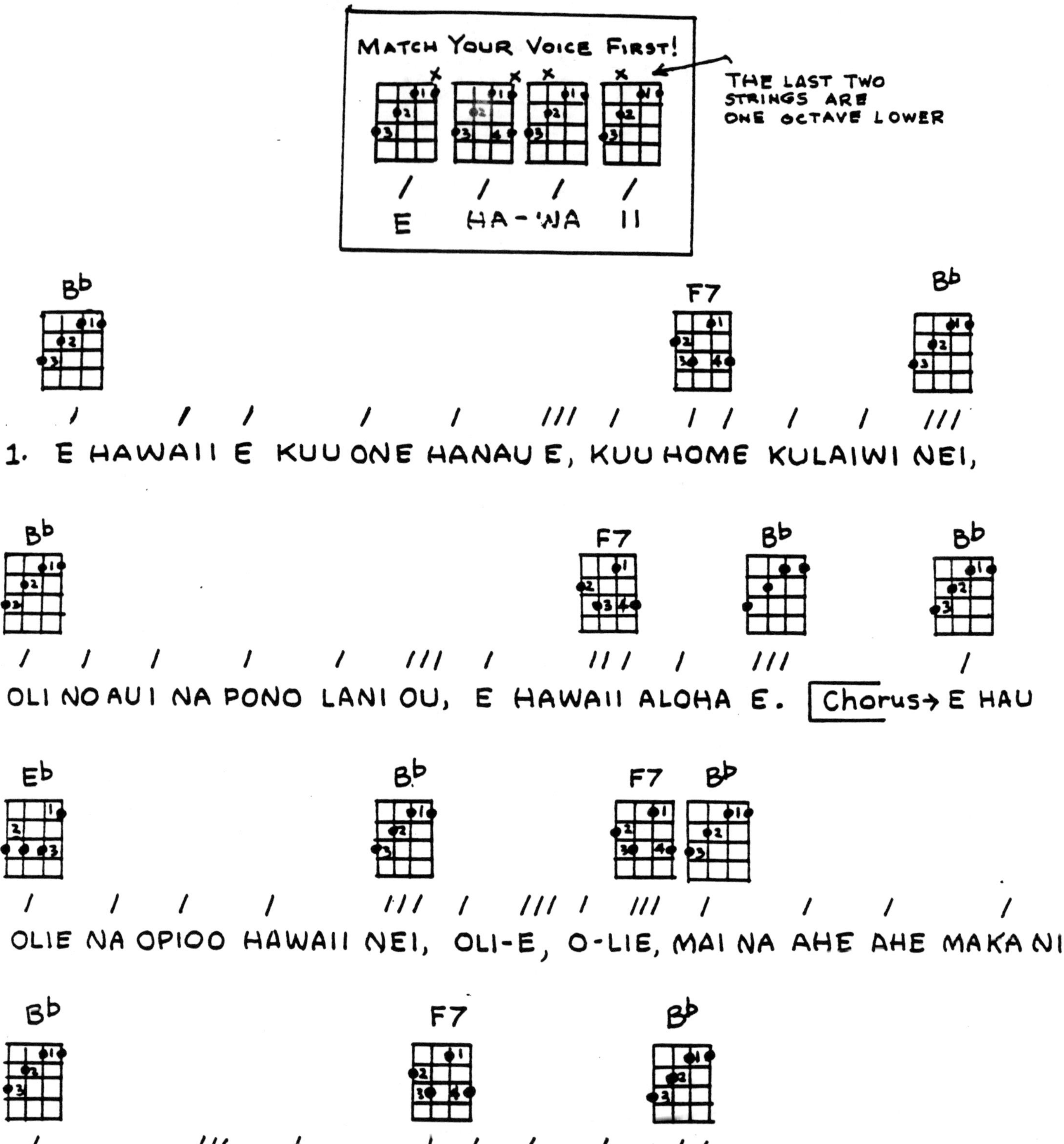

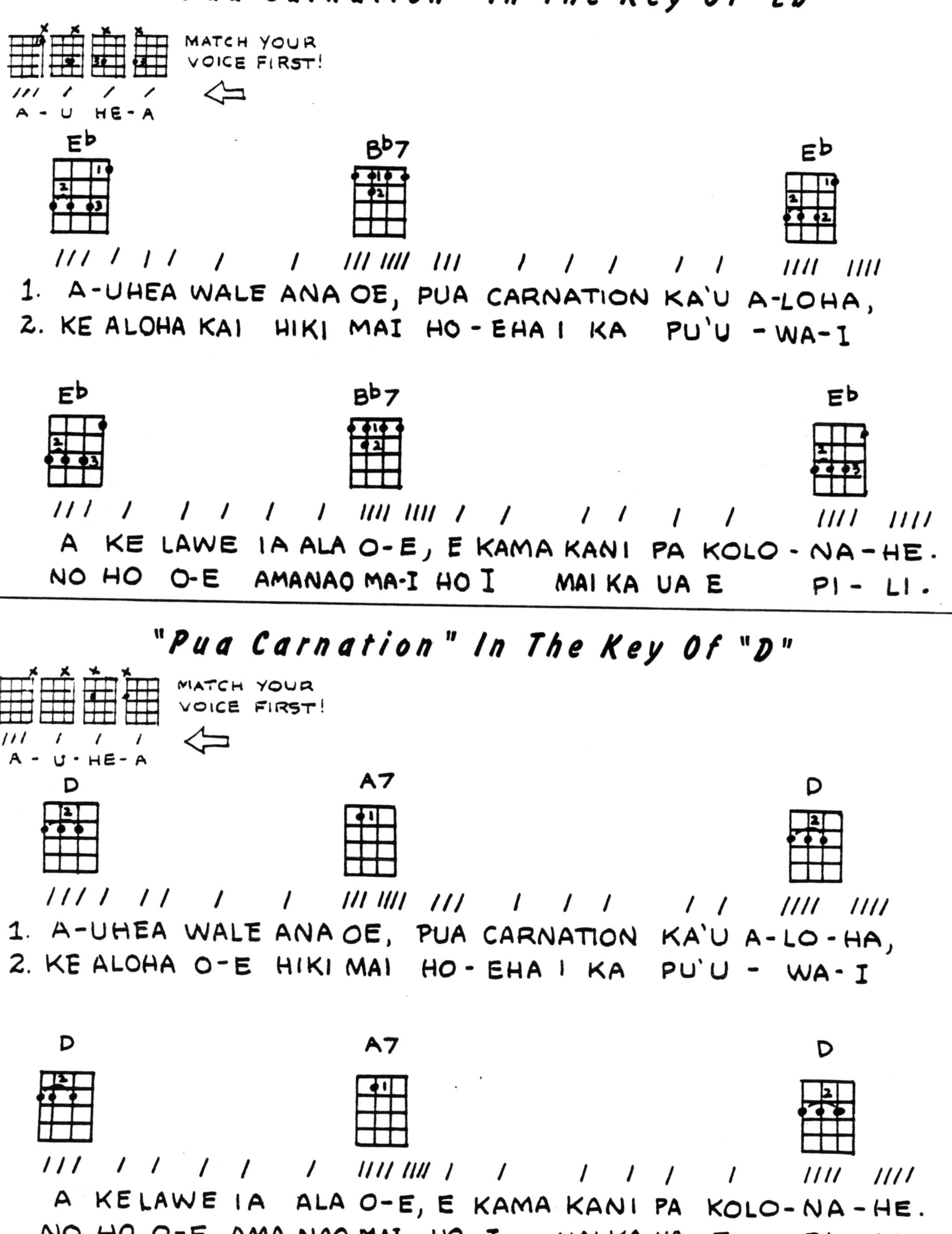
"Pua Carnation" In The Key Of "Eb"
MATCH YOUR VOICE FIRST!
A - U HE - A
Eb
Bb7
Eb
1. A-UHEA WALE ANA OE, PUA CARNATION KA'U A-LOHA,
2. KE ALOHA KAI HIKI MAI HO - EHA I KA PU'U - WA-I
Eb
Bb7
Eb
A KE LAWE IA ALA O-E, E KAMA KANI PA KOLO - NA - HE.
NO HO O-E AMANAO MA-I HO I MAI KA UA E PI - LI.
"Pua Carnation" In The Key Of "D"
MATCH YOUR VOICE FIRST!
A - U - HE - A
D
A7
D
1. A-UHEA WALE ANA OE, PUA CARNATION KA'U A-LO-HA,
2. KE ALOHA O-E HIKI MAI HO - EHA I KA PU'U - WA-I
D
A7
D
A KELAWE IA ALA O-E, E KAMA KANI PA KOLO-NA-HE.
NO HO O-E AMA NAO MAI HO I MAI KA UA E PI - LI.

"Pua Carnation" In The Key Of "C"

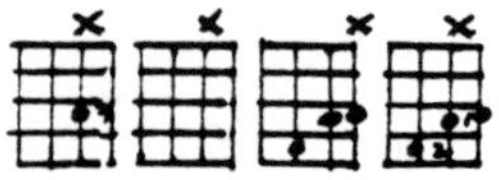

MATCH YOUR VOICE FIRST! ⇦

/// / / /

A - U HE - A

C G7 C

/// / / / / / /// //// /// / / / / / //// ////

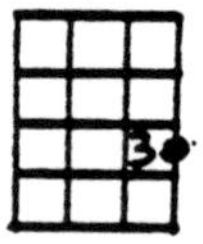

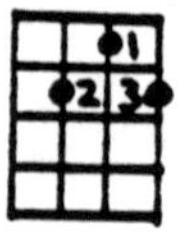

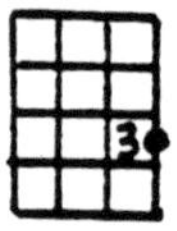

1. A-UHEA WALE ANA OE, PUA CARNATION KA'U A-LOHA,
2. KE ALOHA KAI HIKI MAI HO - EHA I KA PU'U - WA-I

C G7 C

/// / / / / / //// //// / / / / / / //// ////

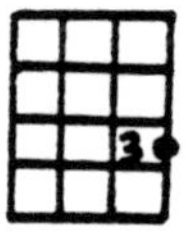

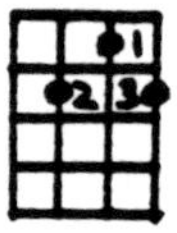

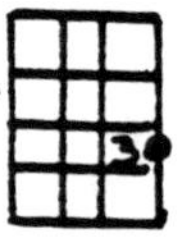

A KE LAWE IA ALA O-E, E KAMA KANI PA KOLO - NA - HE.
NO HO O-E AMANAO MA-I HO I MAI KA UA E PI - LI.

"Pua Carnation" In The Key Of "F"

MATCH YOUR VOICE FIRST! ⇦

/// / / /

A - U - HE - A

F C7 F

//// / / / / / /// //// /// / / / / / //// ////

1. A-UHEA WALE ANA OE, PUA CARNATION KA'U A-LO-HA,
2. KE ALOHA O-E HIKI MAI HO - EHA I KA PU'U - WA - I

F C7 F

/// / / / / / //// //// / / / / / / //// ////

A KE LAWE IA ALA O-E, E KAMA KANI PA KOLO-NA-HE.
NO HO O-E AMA NAO MAI HO I MAI KA UA E PI - LI.

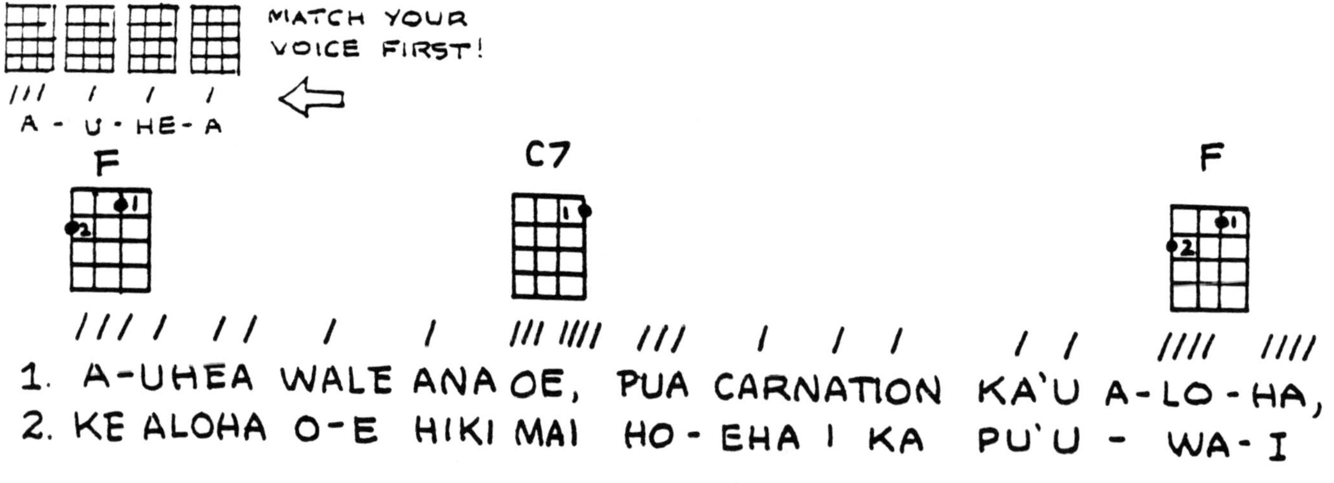

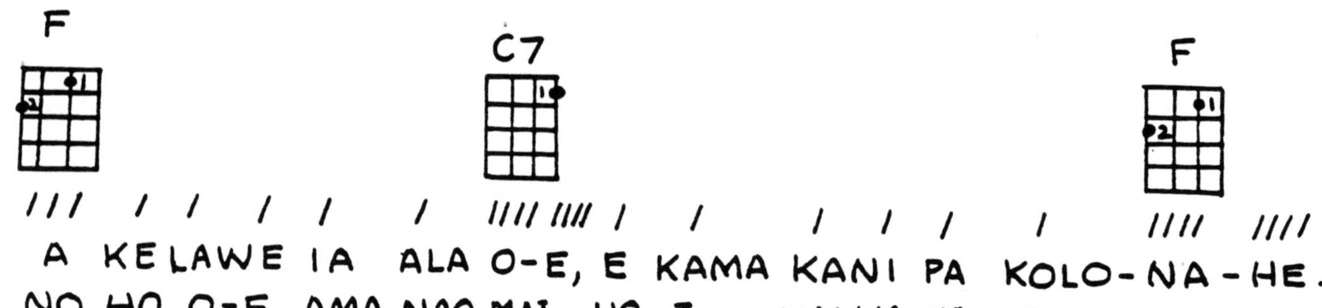

Strumming "Koni Au" In The Key Of "F"

MATCH YOUR VOICE FIRST!

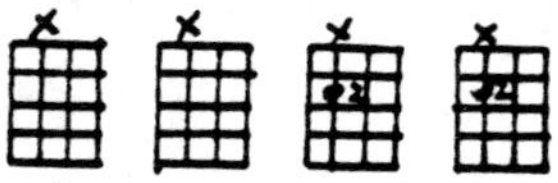

/ / / /
KO - NI A - U

F C7 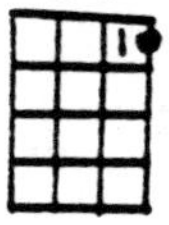
/ / / / / / / / / / / ////// / / / / / / // // // ////
CHORUS: KONI AU KONI AU IKA WAI, KONI AU IKA WAI HUI HU - I

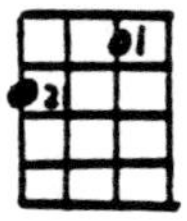

F Gm 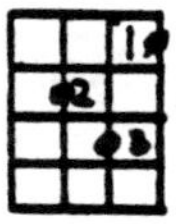 G7 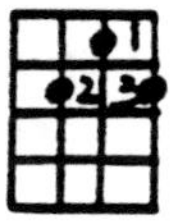 C7 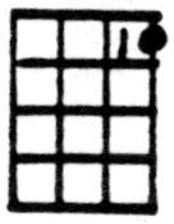 F 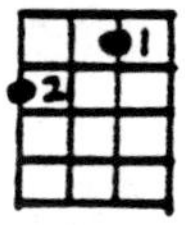
/ / / / / / / / / / // // // / / // / / / / / / // ////
IKA WAI A LILI OKE KI- NI LA OLU AI KANOHO'NA O KA LAI.

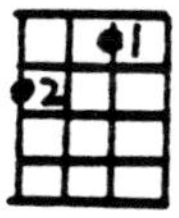

F C7 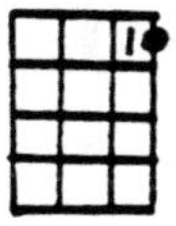
/ / // // // / / ////// / / / / // // / / // ////
1. HO-O-HI-NI KAHI MA NAO, IKA EHU-KAI O PUA-ENA

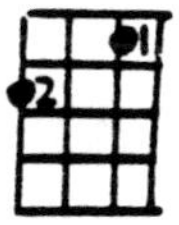

F Gm 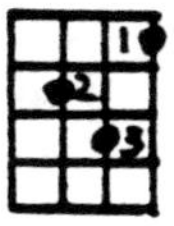 G7 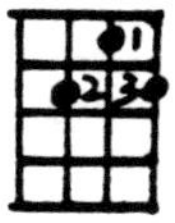 C7 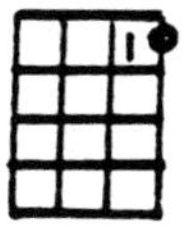 F 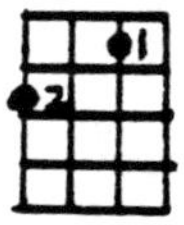
// // / / / / / / / //// // / / // / / / / / / / // ////
KAI HA-WANAWANA IKA LAI LA IKA LAI WALE A O WAIA-LUA.

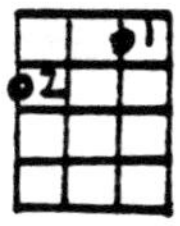

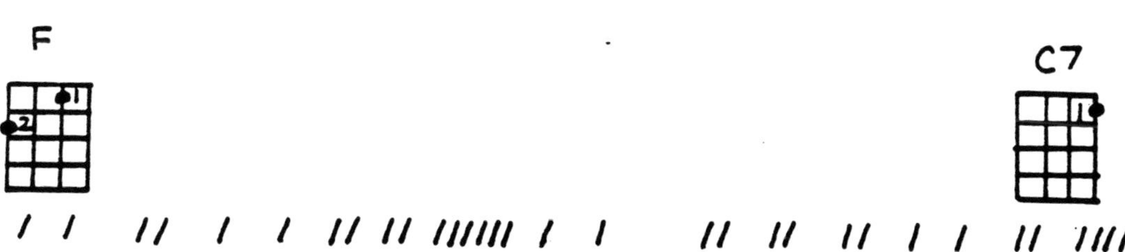

2. ALIA OE E KA EHUKAI, E LELE HUNE NEI I KE O-NE

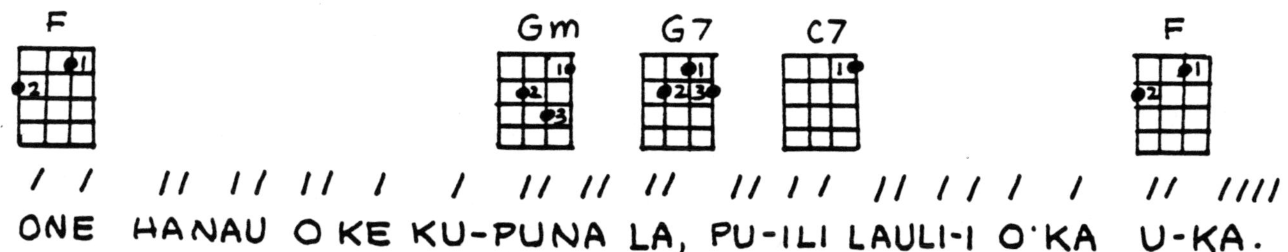

ONE HANAU O KE KU-PUNA LA, PU-ILI LAULI-I O'KA U-KA.

Strumming "Koni Au" In The Key Of "G"

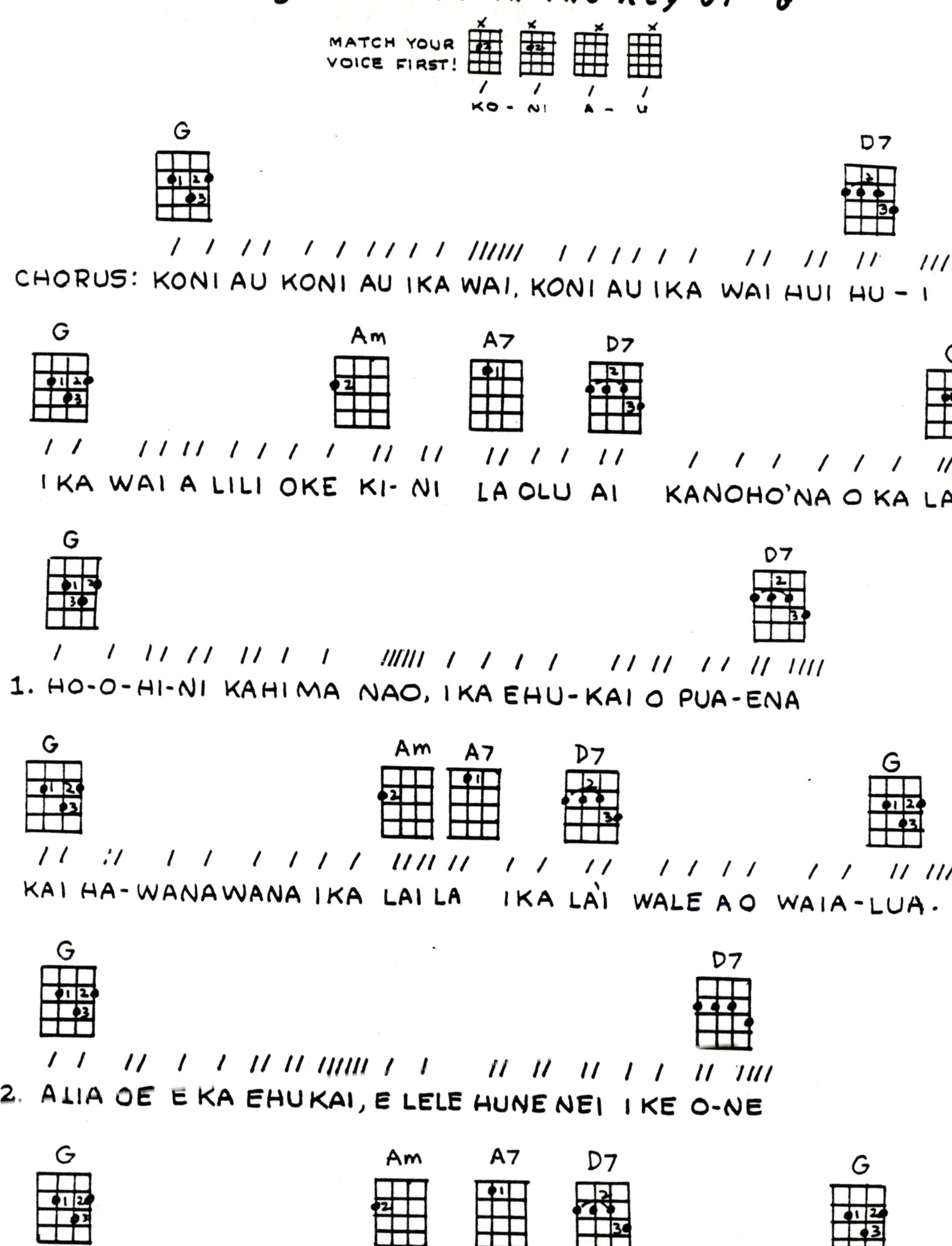

Strumming "Koni Au" In The Key Of "D"

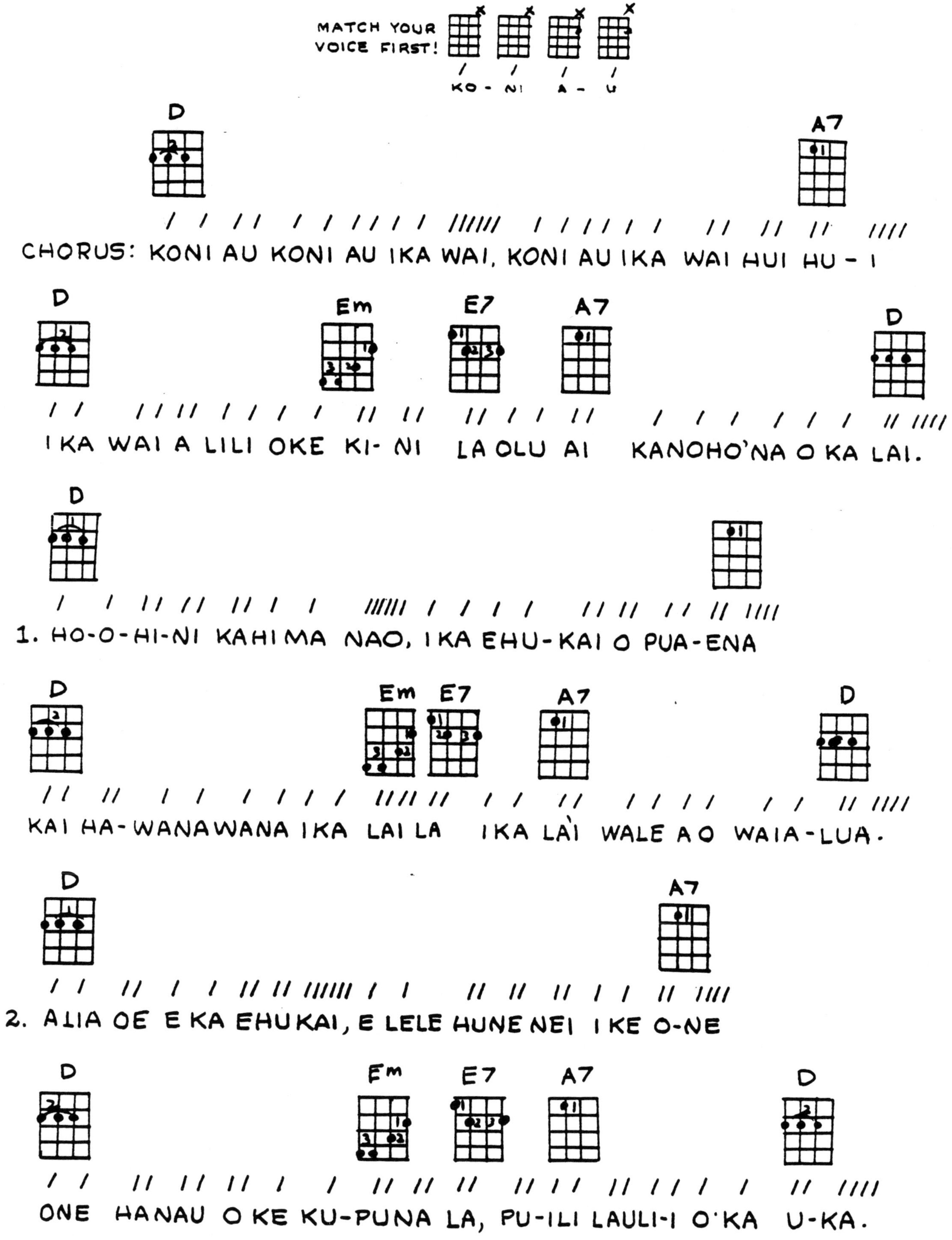

MATCH YOUR VOICE FIRST!

KO - NI A - U

D A7

CHORUS: KONI AU KONI AU IKA WAI, KONI AU IKA WAI HUI HU - I

D Em E7 A7 D

IKA WAI A LILI OKE KI- NI LA OLU AI KANOHO'NA O KA LAI.

D

1. HO-O-HI-NI KAHIMA NAO, IKA EHU-KAI O PUA-ENA

D Em E7 A7 D

KAI HA-WANAWANA IKA LAI LA IKA LAI WALE A O WAIA-LUA.

D A7

2. ALIA OE E KA EHUKAI, E LELE HUNE NEI I KE O-NE

D Em E7 A7 D

ONE HANAU O KE KU-PUNA LA, PU-ILI LAULI-I O'KA U-KA.

Strumming "Koni Au" In The Key Of "C"

MATCH YOUR VOICE FIRST!

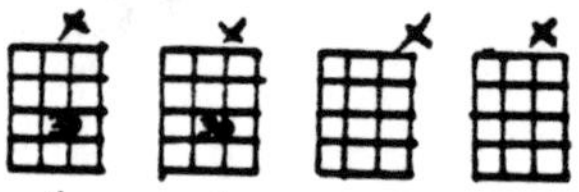

KO - NI A - U

C G7

CHORUS: KONI AU KONI AU IKA WAI, KONI AU IKA WAI HUI HU - I

C Dm D7 G7 C

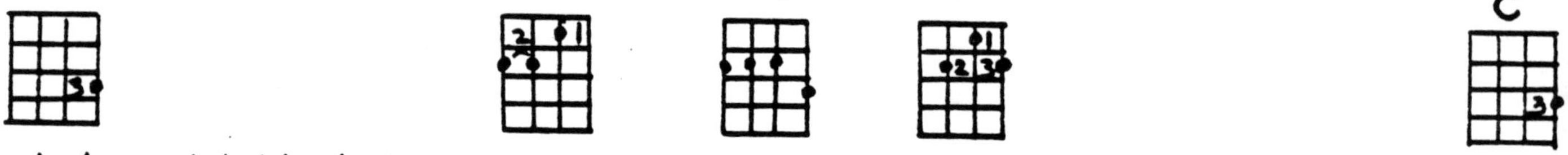

IKA WAI A LILI OKE KI- NI LA OLU AI KANOHO'NA O KA LAI.

C G7

1. HO-O-HI-NI KAHIMA NAO, IKA EHU-KAI O PUA-ENA

C Dm D7 G7 C

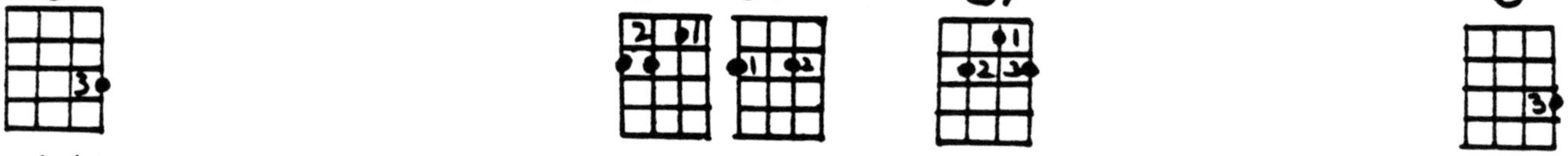

KAI HA-WANAWANA IKA LAI LA IKA LAI WALE A O WAIA-LUA.

C G7

2. A LIA OE E KA EHUKAI, E LELE HUNE NEI I KE O-NE

C Dm D7 G7 C

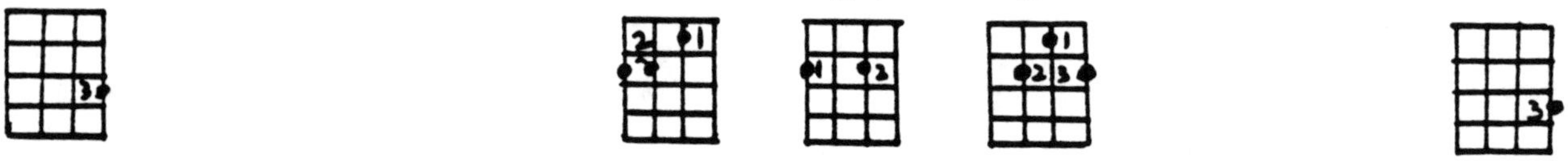

ONE HANAU O KE KU-PUNA LA, PU-ILI LAULI-I O'KA U-KA.

"O Makalapua" In The Key Of "D"

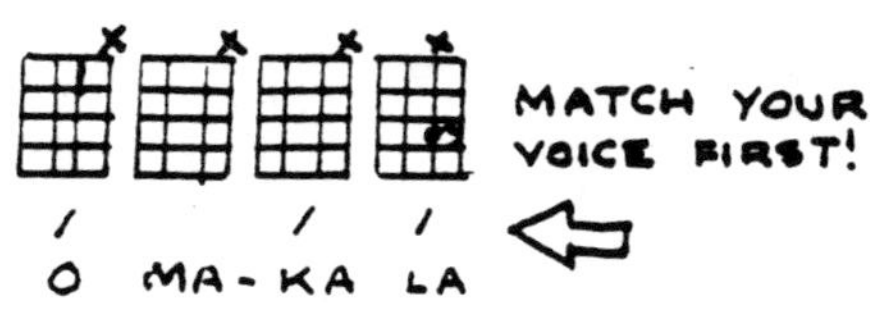

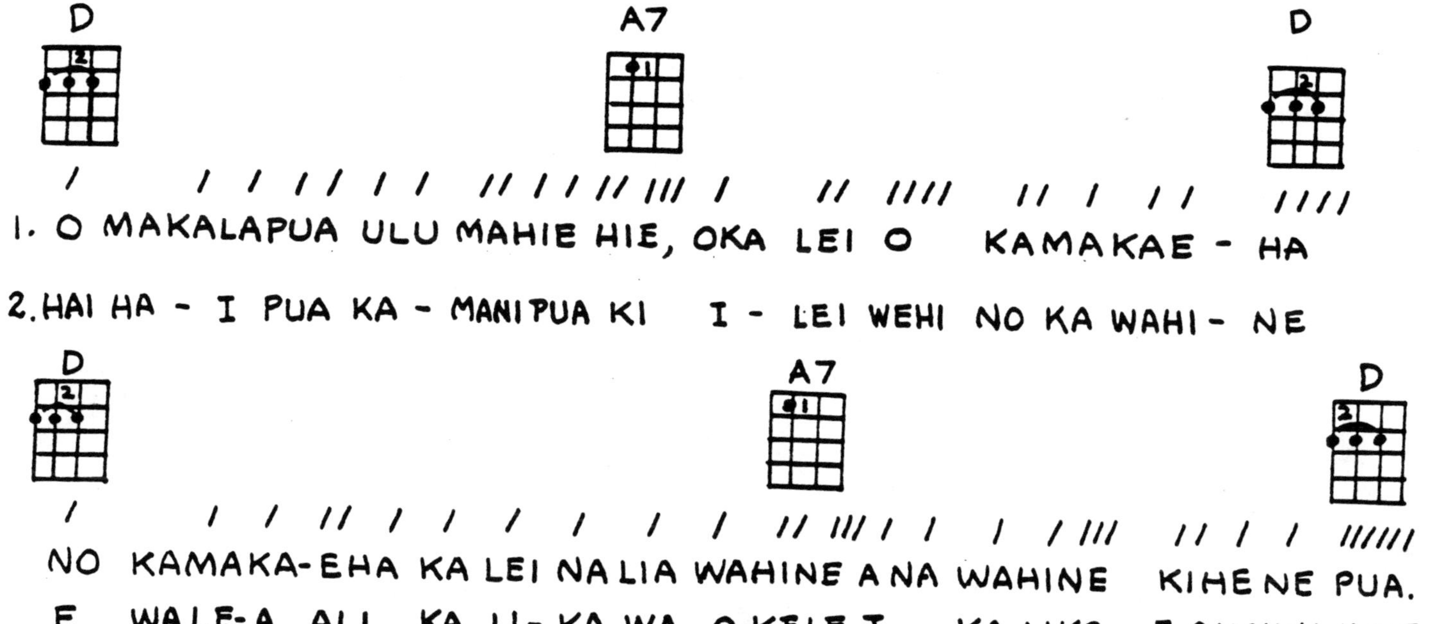

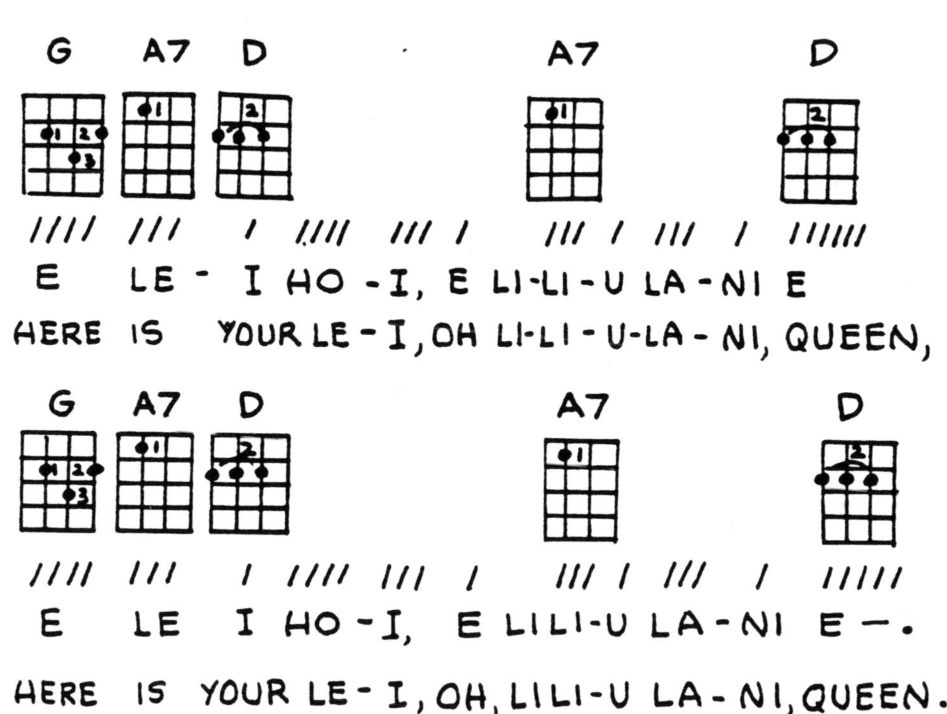

"O Makalapua" In The Key Of "C"

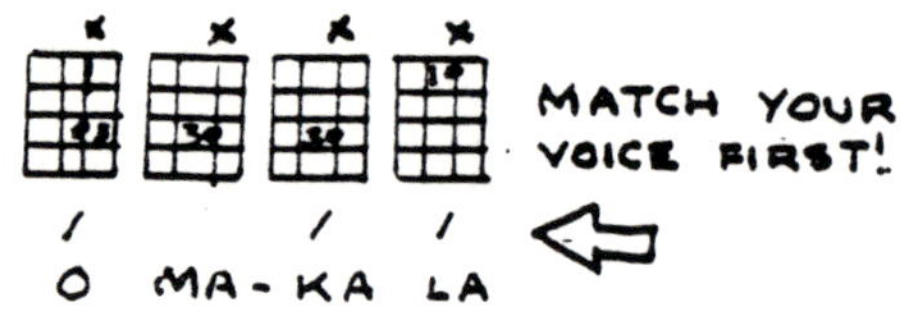

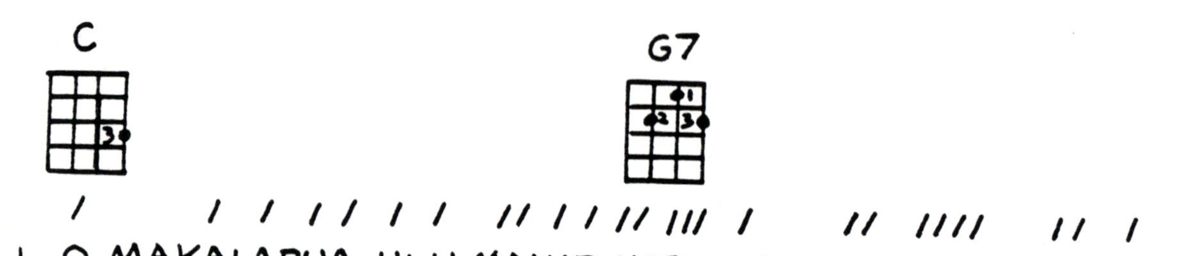

1. O MAKALAPUA ULU MAHIE HIE, OKA LEI O KAMAKAE - HA

2. HAI HA - I PUA KA - MANIPUA KI I - LEI WEHI NO KA WAHI - NE

NO KAMAKA-EHA KA LEI NA LIA WAHINE A NA WAHINE KIHENE PUA

E WALE-A AI I KA U - KA WA O-KELE I KA LIKO I OMAUNA HAL

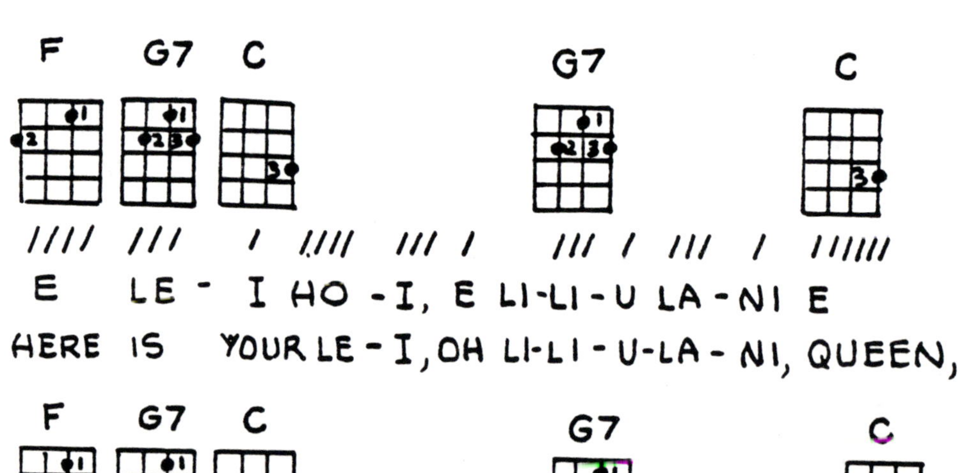

E LE - I HO - I, E LI-LI - U LA - NI E

HERE IS YOUR LE - I, OH LI-LI - U-LA - NI, QUEEN,

E LE I HO - I, E LILI-U LA - NI E —.

HERE IS YOUR LE - I, OH, LILI-U LA - NI, QUEEN.

"O Makalapua" In The Key Of "F"

MATCH YOUR VOICE FIRST!

O MA-KA LA

F C7 F

1. O MAKALAPUA ULU MAHIE HIE, OKA LEI O KAMAKAE-HA

2. HAI HA-I PUA KA-MANIPUA KI I-LEI WEHI NO KA WAHI-NE

F C7 F

NO KAMAKA-EHA KA LEI NALIA WAHINE ANA WAHINE KIHENE PUA.

E WALE-A AI I KA U-KA WA O-KELE I KA LIKO I OMAUNA HALE.

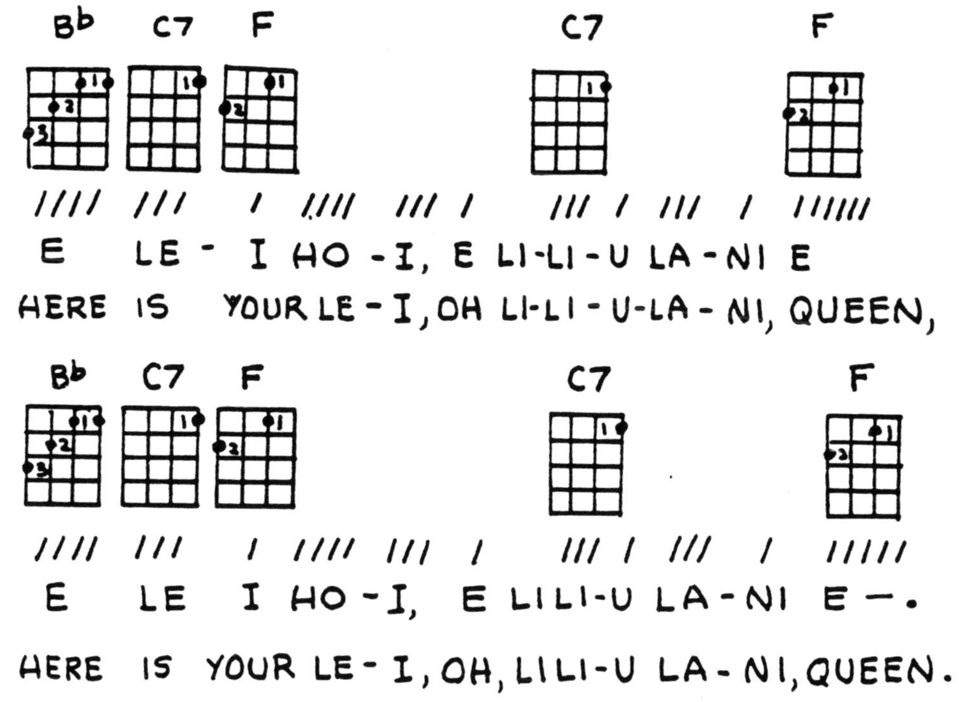

"O Makalapua" In The Key Of "G"

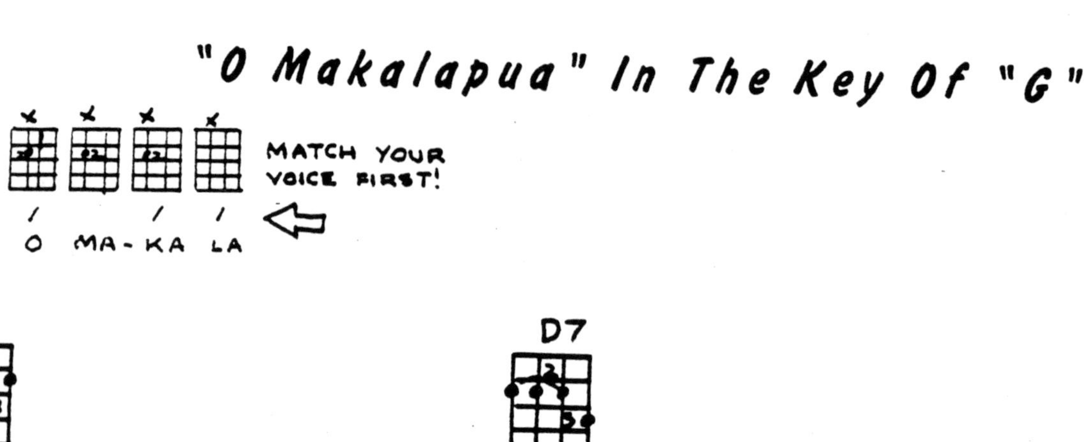

1. O MAKALAPUA ULU MAHIE HIE, OKA LEI O KAMAKAE - HA

2. HAI HA - I PUA KA - MANIPUA KI I - LEI WEHI NO KA WAHI - NE

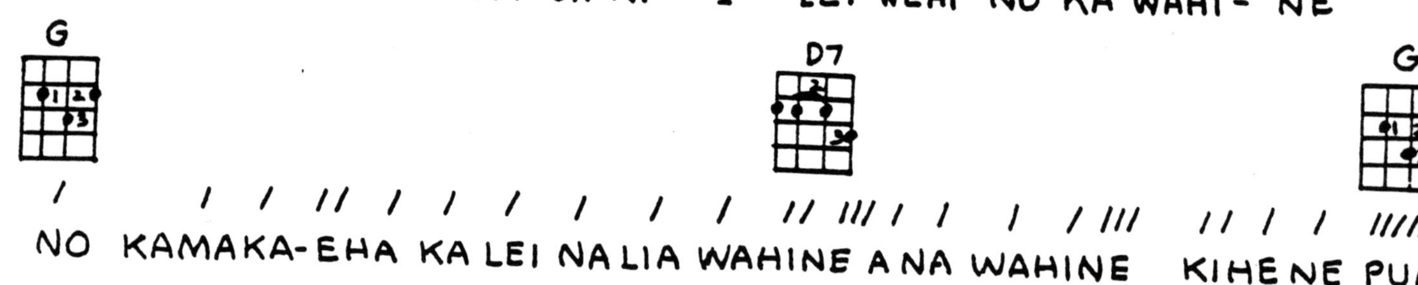

NO KAMAKA-EHA KA LEI NA LIA WAHINE ANA WAHINE KIHENE PU...

E WALE-A AI I KA U - KA WA O-KELE I KA LIKO I OMAUNA HA...

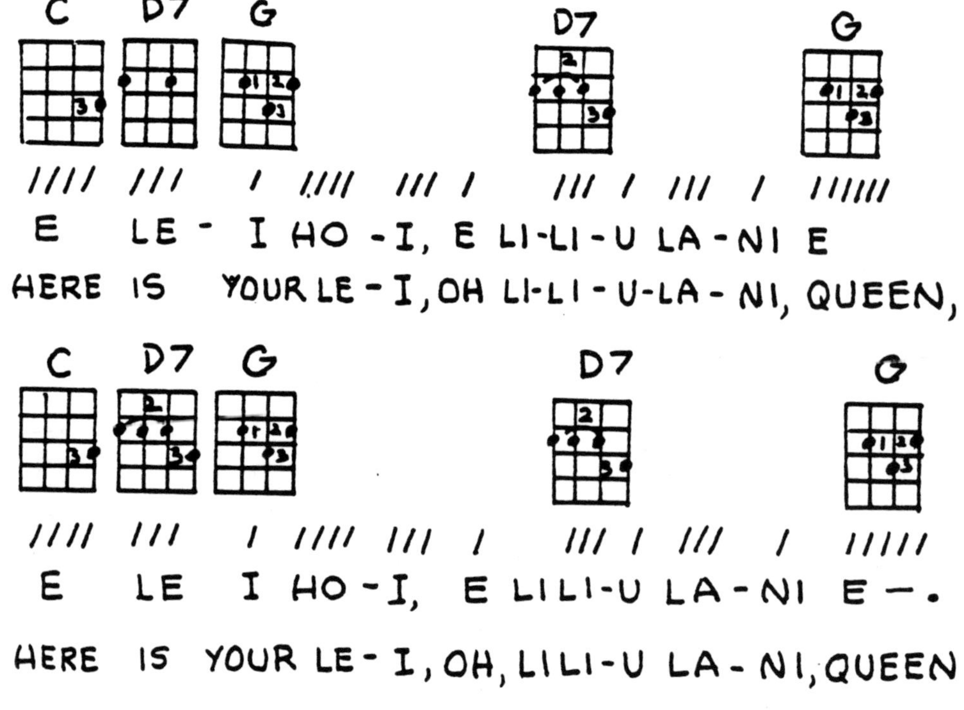

E LE - I HO -I, E LI-LI-U LA-NI E

HERE IS YOUR LE - I, OH LI-LI-U-LA-NI, QUEEN,

E LE I HO -I, E LILI-U LA-NI E—.

HERE IS YOUR LE-I, OH, LILI-U LA-NI, QUEEN.

"Beautiful Ilima" In The Key Of "F"

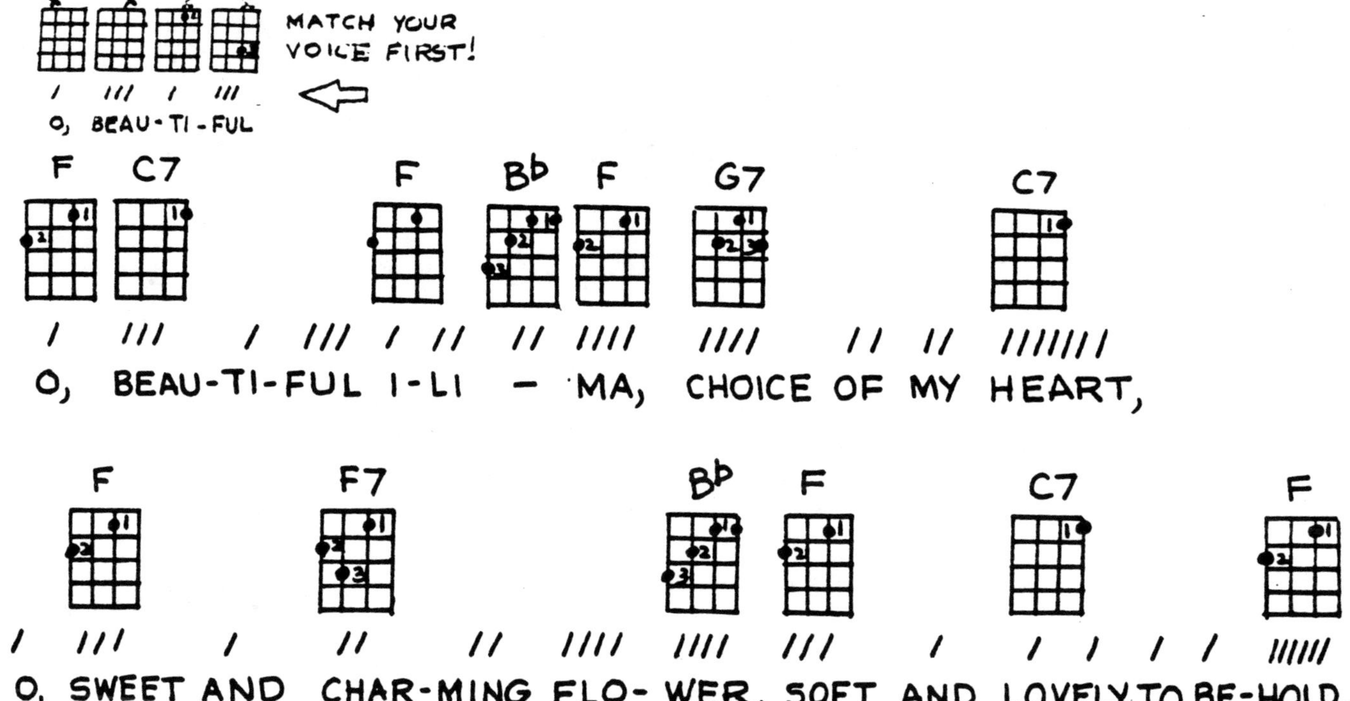

MATCH YOUR VOICE FIRST!

/ /// / ///

O, BEAU-TI-FUL

F C7 F Bb F G7 C7

/ /// / /// / // // //// //// // // ///////

O, BEAU-TI-FUL I-LI - MA, CHOICE OF MY HEART,

F F7 Bb F C7 F

/ /// / // // //// //// /// / / / / / //////

O, SWEET AND CHAR-MING FLO- WER, SOFT AND LOVELY TO BE-HOLD.

"Beautiful Ilima" In The Key Of "Bb"

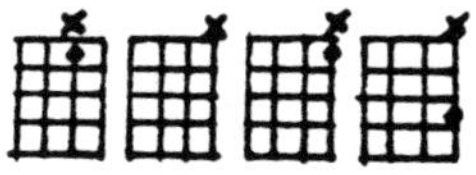

MATCH YOUR VOICE FIRST!

/ /// / ///

O, BEAU-TI- FUL

Bb F7 Bb Eb Bb C7 F7

/ /// / /// / // // //// //// // // ///////

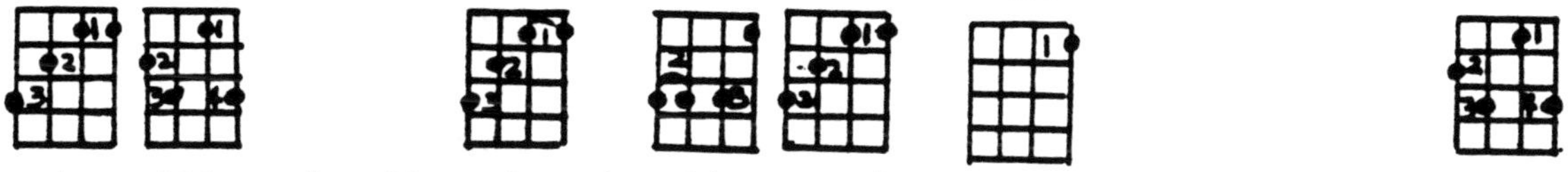

O, BEAU-TI-FUL I-LI - MA, CHOICE OF MY HEART,

Bb Bb7 Eb Bb F7 Bb

/ /// / // // //// //// /// / / / / / //////

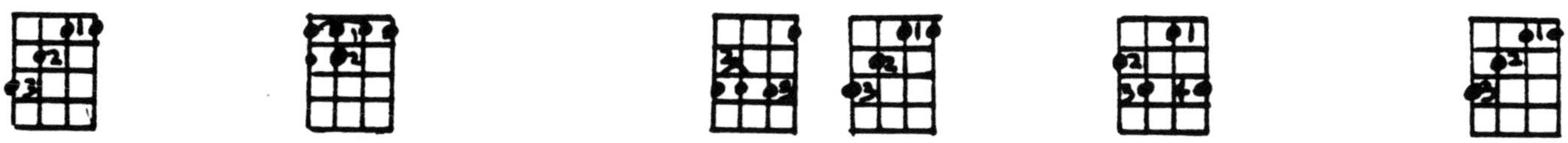

O, SWEET AND CHAR-MING FLO-WER, SOFT AND LOVELY TO BE-HOLD.

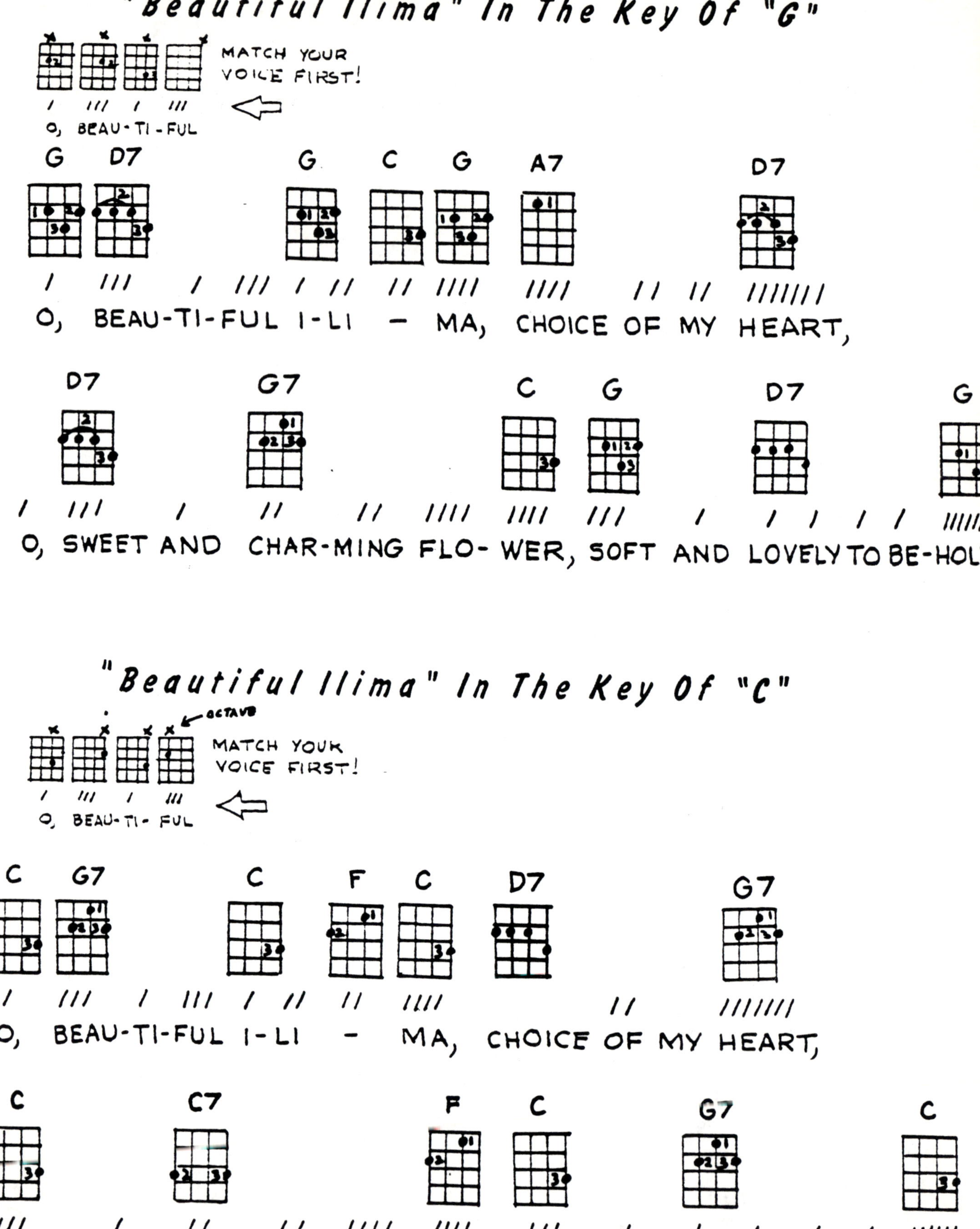
"Beautiful Ilima" In The Key Of "G"
MATCH YOUR VOICE FIRST!
O, BEAU-TI-FUL
G D7 G C G A7 D7
O, BEAU-TI-FUL I-LI - MA, CHOICE OF MY HEART,
D7 G7 C G D7 G
O, SWEET AND CHAR-MING FLO- WER, SOFT AND LOVELY TO BE-HOLD
"Beautiful Ilima" In The Key Of "C"
OCTAVE
MATCH YOUR VOICE FIRST!
O, BEAU-TI- FUL
C G7 C F C D7 G7
O, BEAU-TI-FUL I-LI - MA, CHOICE OF MY HEART,
C C7 F C G7 C
O, SWEET AND CHAR-MING FLO-WER, SOFT AND LOVELY TO BE-HOLD.

Strumming "Hilo March" In The Key Of "F"

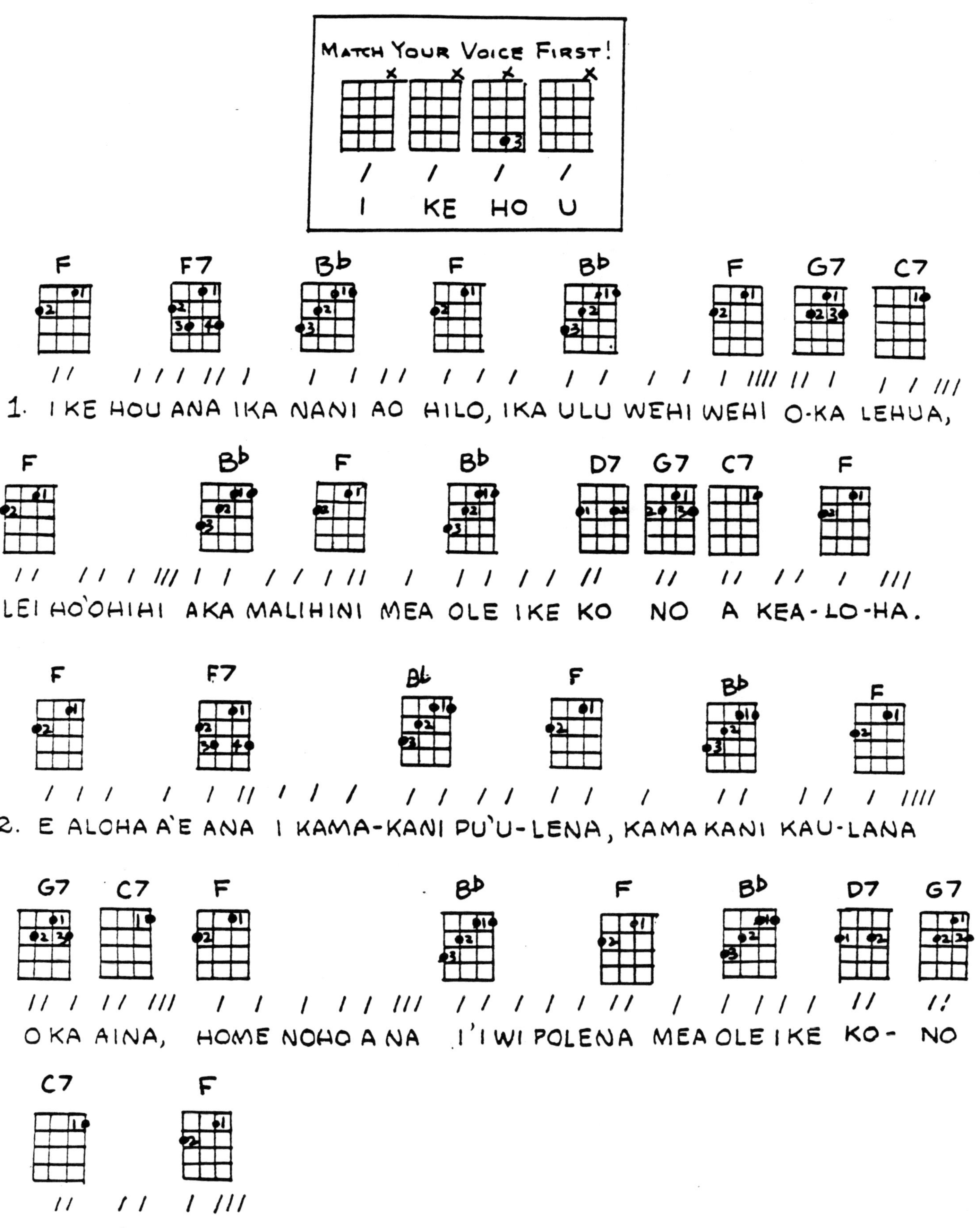

Strumming "Hilo March" In The Key Of "G"

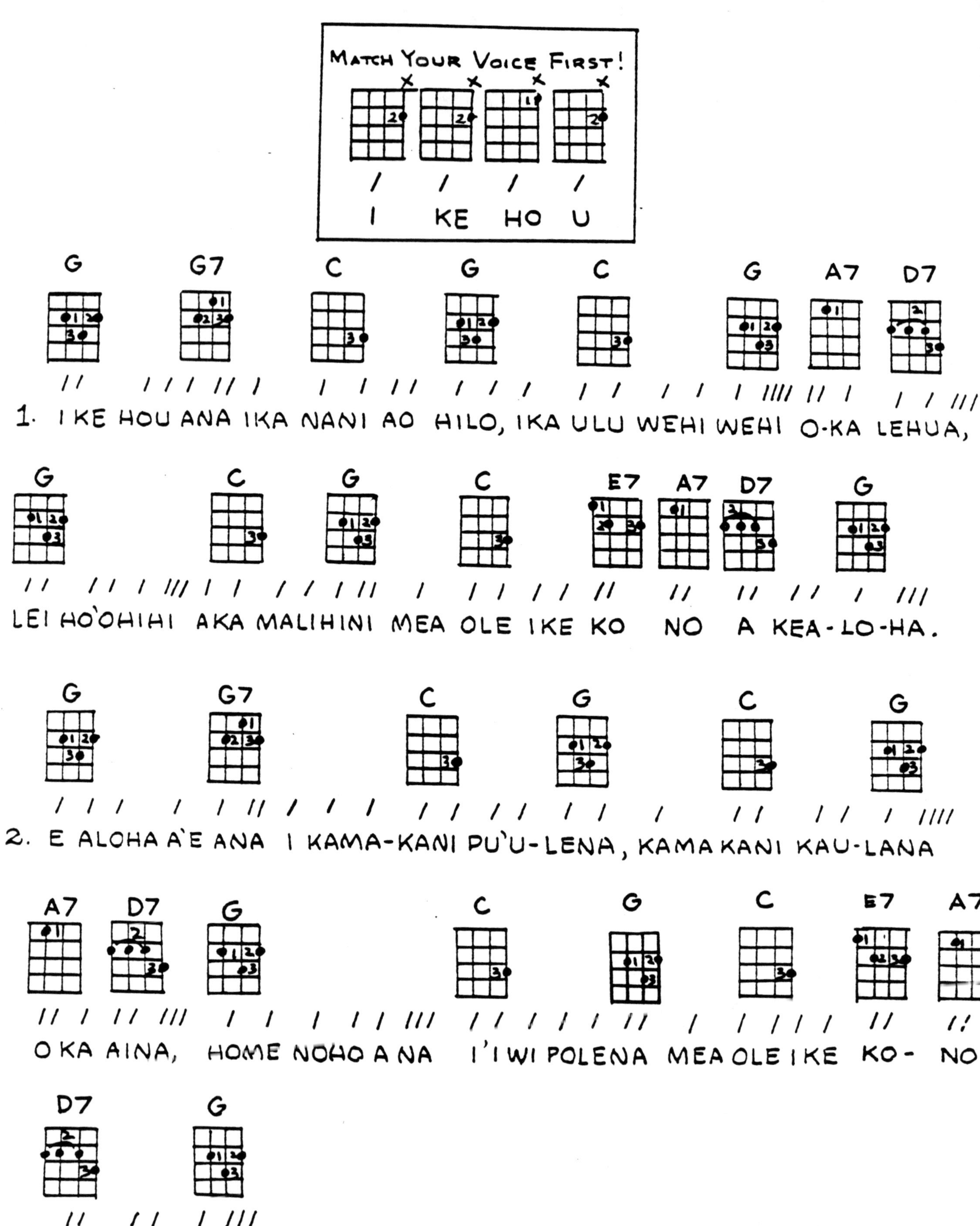

Strumming "Hilo March" In The Key Of "Bb"

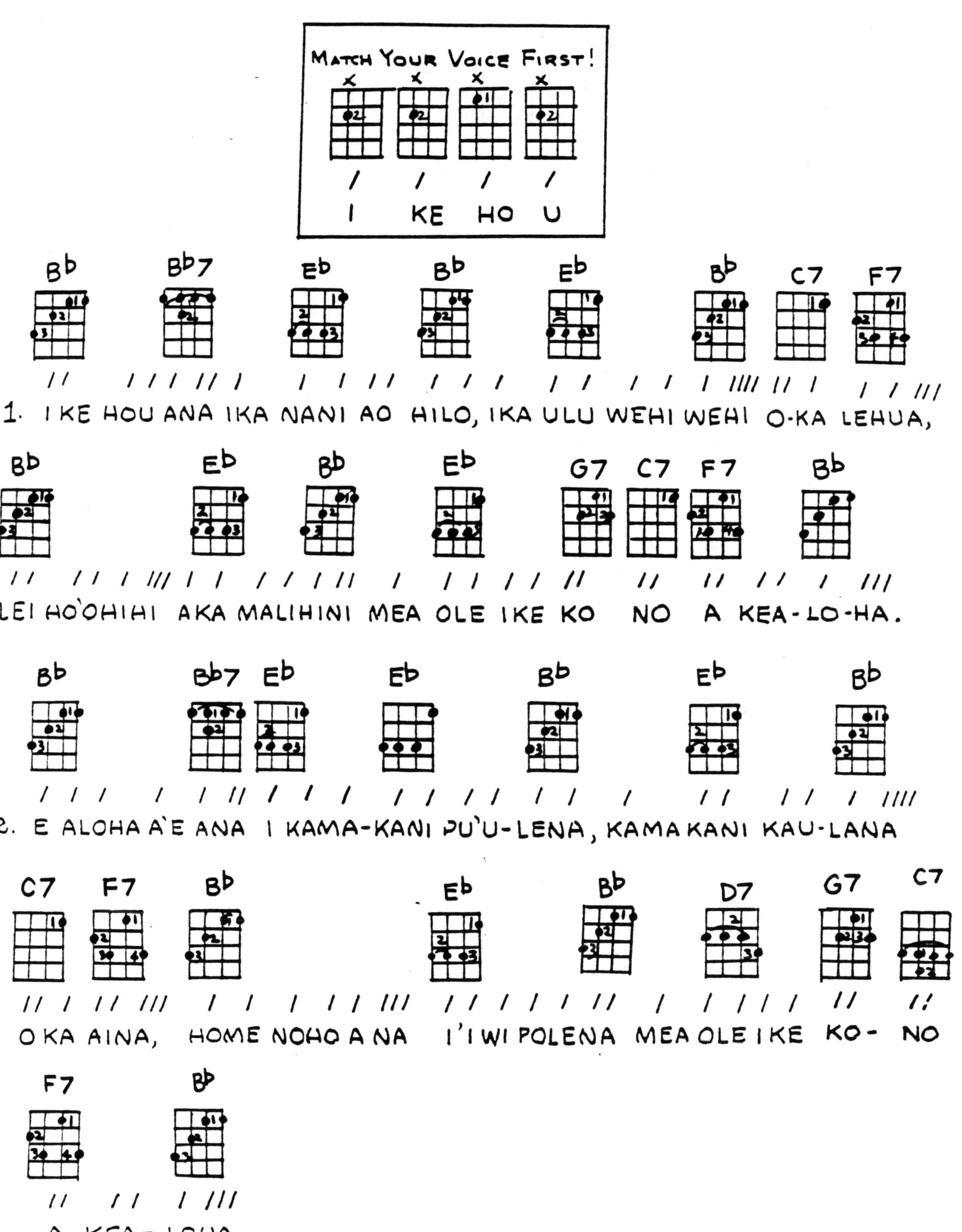

Strumming "Hilo March" In The Key Of "C"

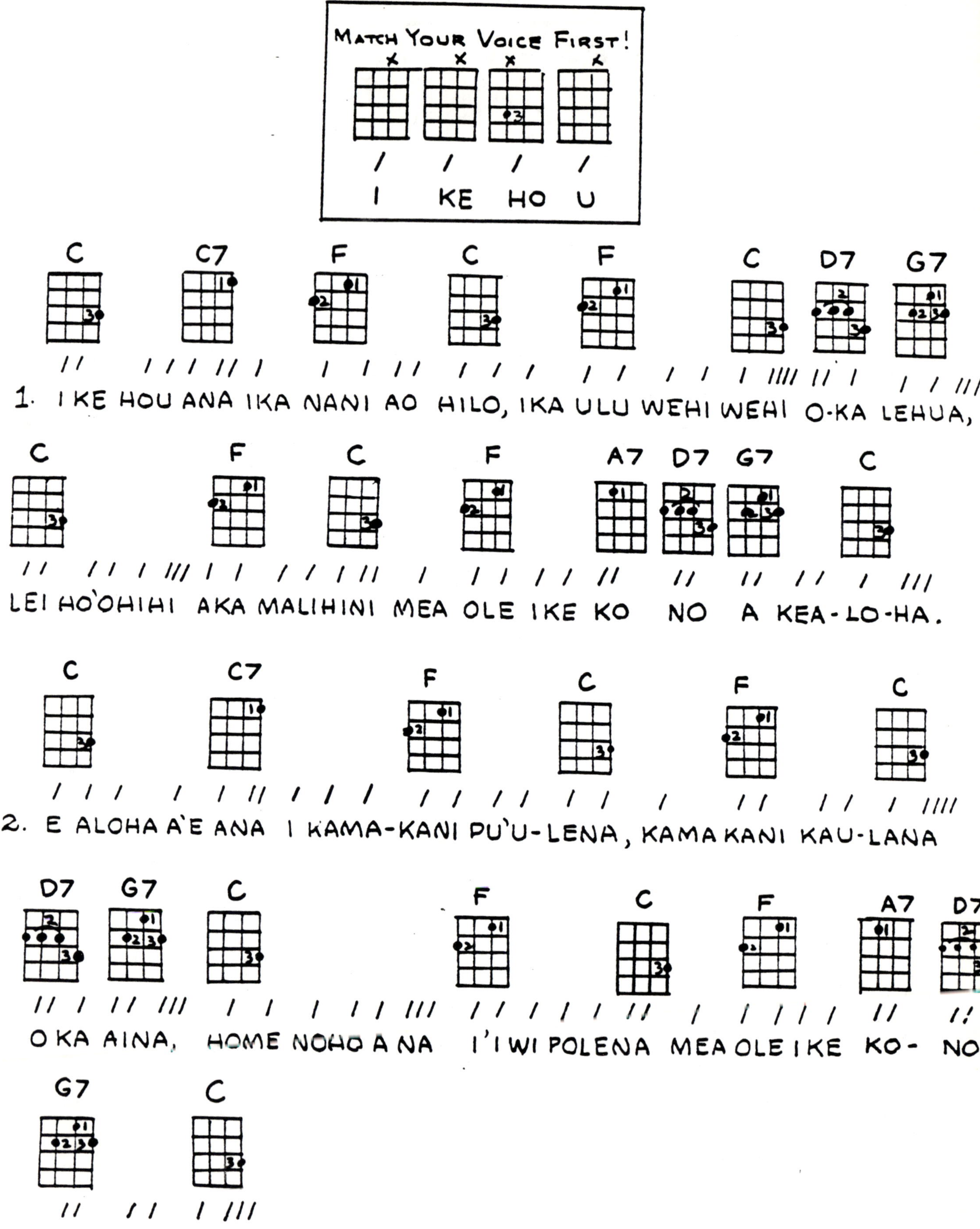

"On The Beach At Waikiki"
In The Key Of "G"

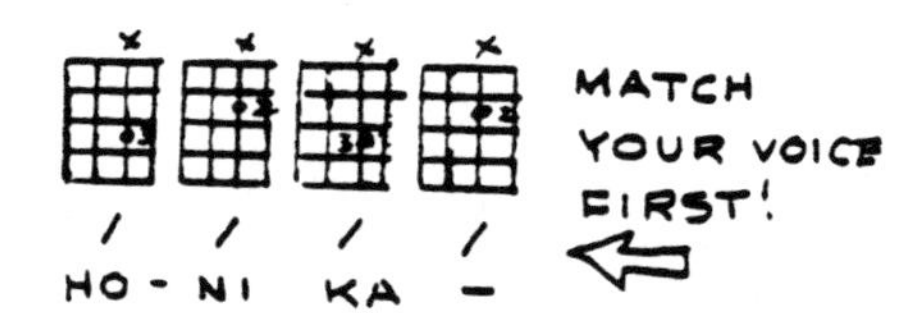

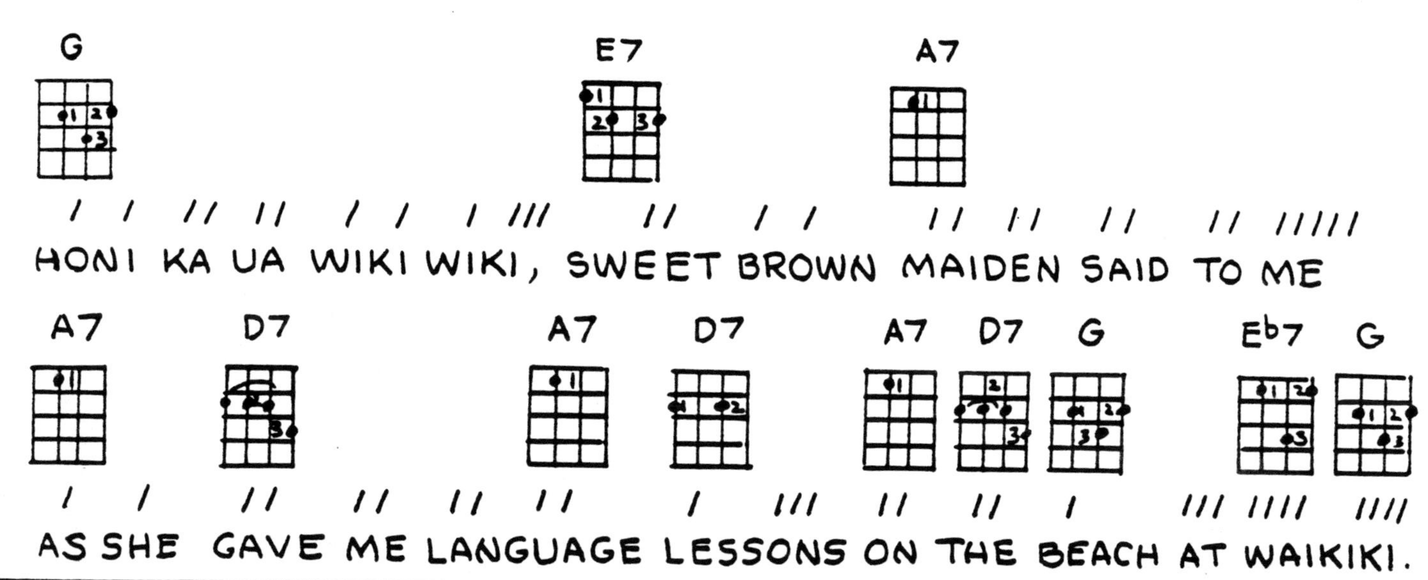

"On The Beach At Waikiki" In The Key Of "C"

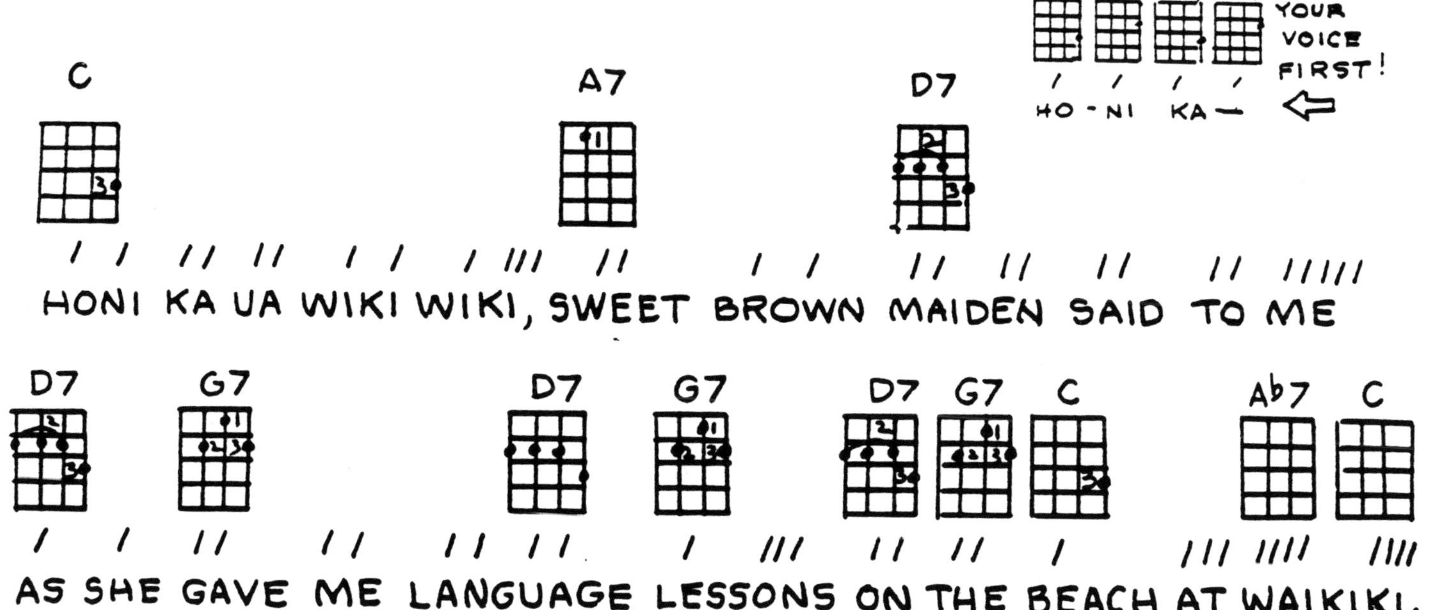

"On The Beach At Waikiki" In The Key Of "F"

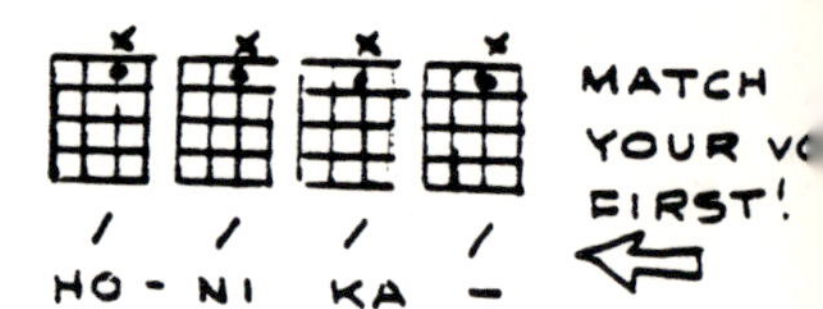

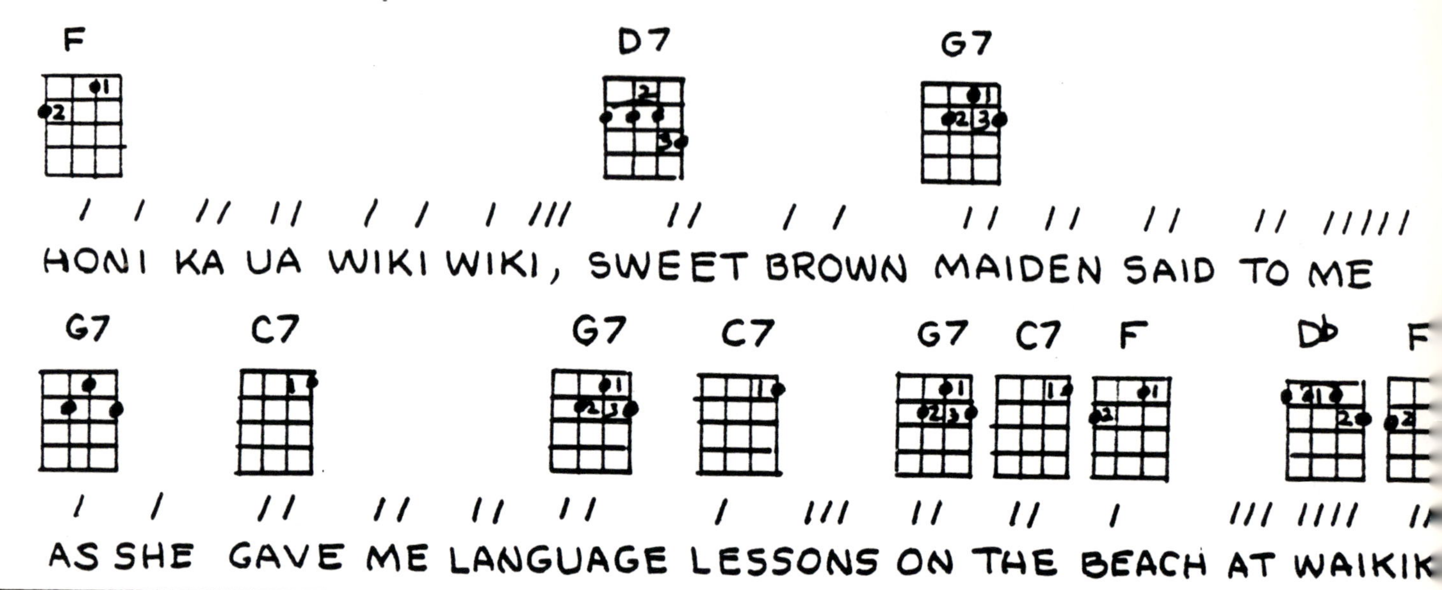

"On The Beach At Waikiki" In The Key Of "Bb"

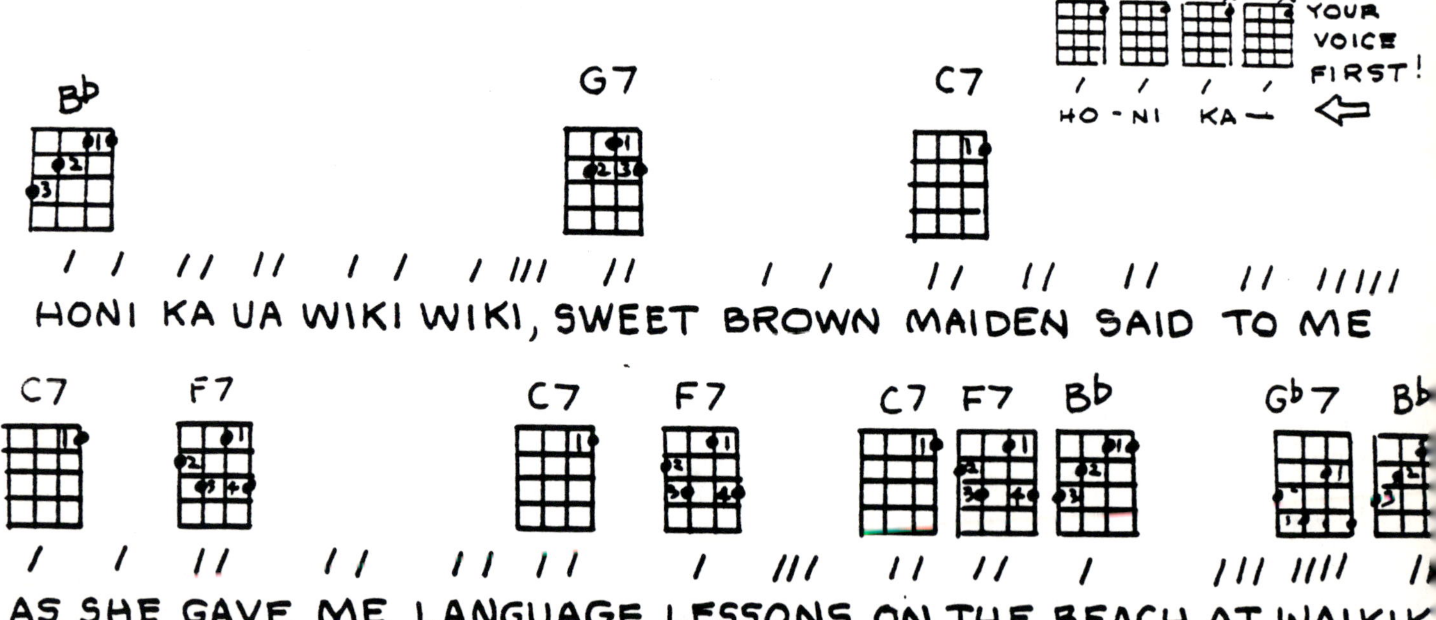

Strumming "Royal Hawaiian Hotel"

In The Key Of A

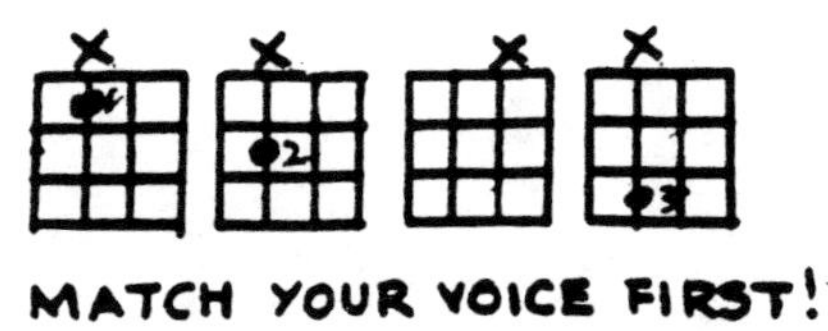

MATCH YOUR VOICE FIRST!

A

/ / / / / / / / / / / / ////

1. ULU WEHI WEHI OE I KA'U I - KE LA,
2. KAMO E-NA WELE WEKA MOE KA U - A LA,

D  F#7  B7

/ / / / / / / / / / //////

E - KA RO - YAL HA - WAI - IAN HO - TEL
HE PA KIKA HE PA - HE - E MAIKAI NEI

E7

/ / / / / / / / / / //// ///

A - HE NANI LA KE HU - LA - LI - NEI
A - HE NANI LA KE HU - LA - LI - NEI

E7  A

/ / / / / / / //// ////

AHE NA-NI MAO LI NO.
AHE NA-NI MAO LI NO.

Strumming "Royal Hawaiian Hotel"

In The Key Of Bb

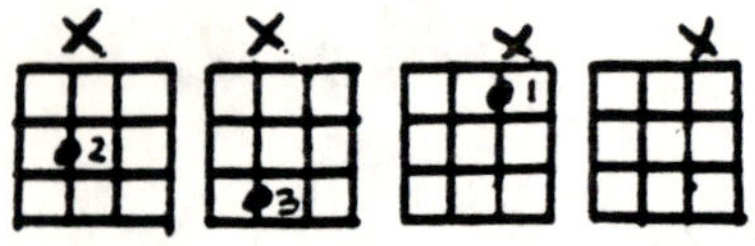

MATCH YOUR VOICE FIRST!

Bb

/ / / / / / / / / / / / / / / /

1. ULU WEHI WEHI OE I KA'U I-KE LA,
2. KAMO E-NA WELE WEKA MOE KA U-A LA,

Eb  G7 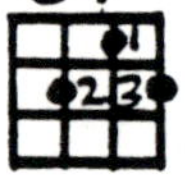 C7

/ / / / / / / / / / / / / / / / /

E-KA RO-YAL HA-WAI-IAN HO-TEL
HE PA KIKA HE PA-HE-E MAIKAI NEI

F7

/ / / / / / / / / / / / / / / / /

A-HE NANI LA KE HU-LA-LI-NEI
A-HE NANI LA KE HU-LA-LI-NEI

F7 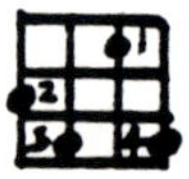 Bb

/ / / / / / / / / / / / / / /

AHE NA-NI MAO LI NO.
AHE NA-NI MAO LI NO.

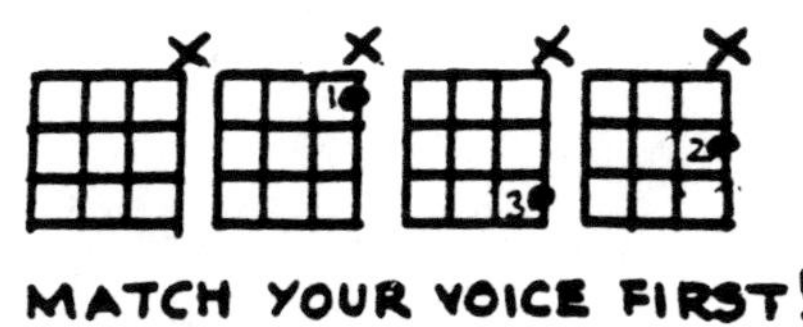

MATCH YOUR VOICE FIRST!

Strumming "Royal Hawaiian Hotel"

In The Key Of F

F

/ / / / / / / / / / / / / / / / / /

1. ULU WEHI WEHI OE I KA'U I-KE LA,
2. KAMO E-NA WELE WEKA MOE KA U-A LA,

Bb D7 G7

/ / / / / / / / / / / / / / / / / /

E-KA RO-YAL HA-WAI-IAN HO-TEL
HE PA KIKA HE PA-HE-E MAIKAI NEI

C7

/ / / / / / / / / / / / / / /

A-HE NANI LA KE HU-LA-LI-NEI
A-HE NANI LA KE HU-LA-LI-NEI

C7 F

/ / / / / / / / / / / / / / /

AHE NA-NI MAO LI NO.
AHE NA-NI MAO LI NO.

Strumming "Royal Hawaiian Hotel"

In The Key Of G

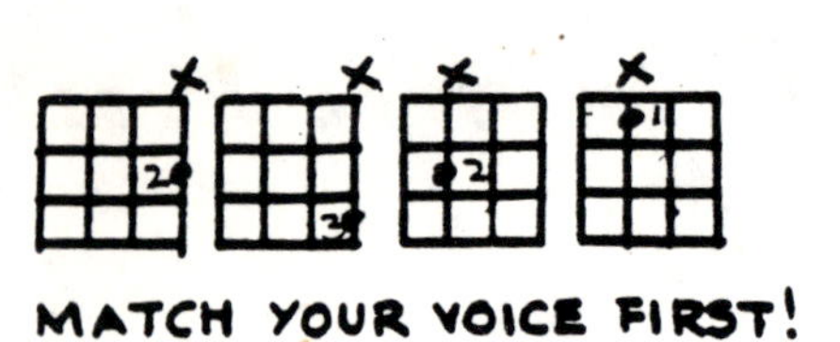

MATCH YOUR VOICE FIRST!

G

/ / / / / / / / / / / / / ////

1. ULU WEHI WEHI OE I KA'U I-KE LA,
2. KAMO E-NA WELE WEKA MOE KA U-A LA,

C E7 A7

/ / // / / / / / / //////

E-KA RO - YAL HA-WAI-IAN HO - TEL
HE PA KIKA HE PA-HE - E MAIKAI NEI

D7

/ / / / // / / / / //// ///

A-HE NANI LA KE HU-LA-LI-NEI
A-HE NANI LA KE HU-LA-LI-NEI

D7 G

/ / / / / // //// ////

AHE NA-NI MAO LI NO.
AHE NA-NI MAO LI NO.

MATCH YOUR VOICE FIRST!

Strumming "Royal Hawaiian Hotel"

In The Key Of C

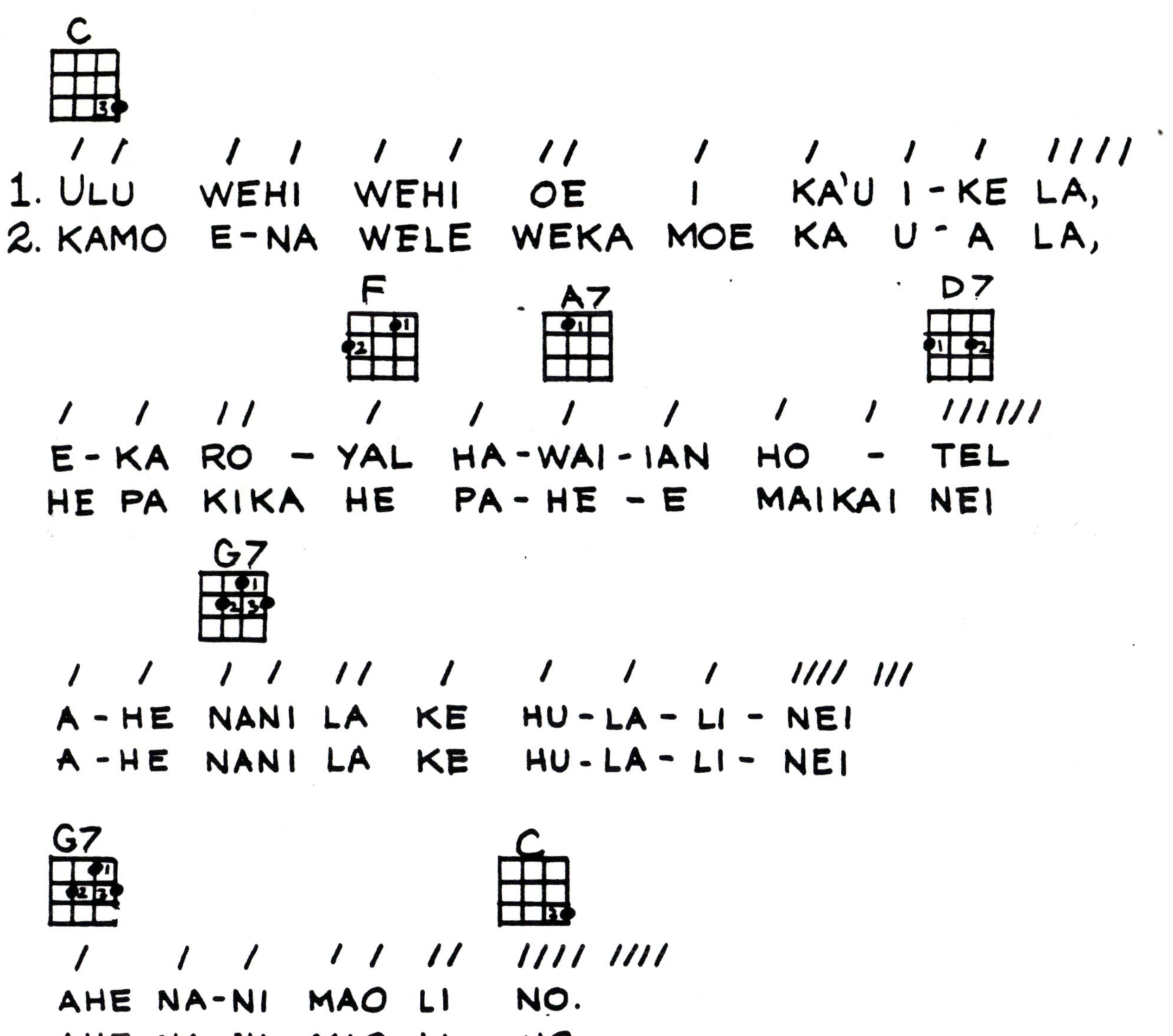

Strumming "Royal Hawaiian Hotel"

In The Key Of D

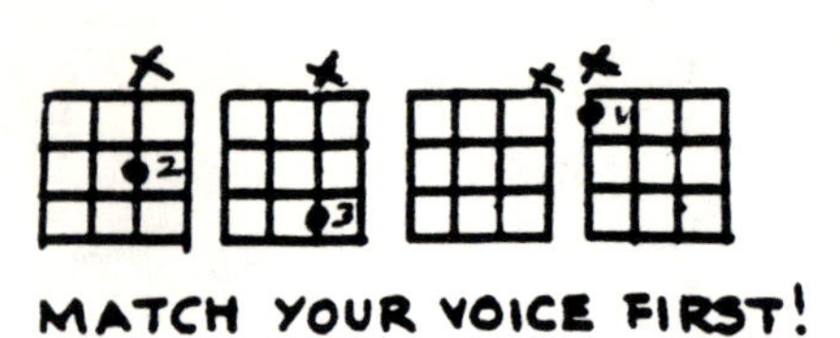

MATCH YOUR VOICE FIRST!

D

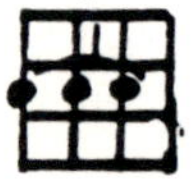

/ / / / / / / / / / / / ////
1. ULU WEHI WEHI OE I KA'U I-KE LA,
2. KAMO E-NA WELE WEKA MOE KA U-A LA,

G  B7  E7

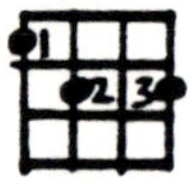

/ / // / / / / / / //////
E-KA RO-YAL HA-WAI-IAN HO-TEL
HE PA KIKA HE PA-HE-E MAIKAI NEI

A7

/ / / / / // / / / / //// ///
A-HE NANI LA KE HU-LA-LI-NEI
A-HE NANI LA KE HU-LA-LI-NEI

A7  D

/ / / / / // //// ////
AHE NA-NI MAO LI NO.
AHE NA-NI MAO LI NO.

Heeday's Ukulele Publications

94-1211D Kipa'a Place, Waipahu, Hawaii 96797
Telephone (808) 671-1422

ORDER FORM

Prices Effective January 1, 1997

	Instructional Books	Retail (each) {R}	How Many? {HM}	(R x HM) Total
1	How To Pick & Strum The Ukulele, Bk. I	$ 9.95		
2	How To Pick & Strum The Ukulele, Bk. II	$ 9.95		
3	How To Pick & Strum The Ukulele, Bk. III	$ 10.95		
4	How To Play Ukulele Solos By Ear	$ 10.95		
5	More Ukulele Solos By Ear	$ 10.95		
6	Sing & Strum 7 Hawaiian Favorites	$ 9.95		
7	Ten Favorite Hawaiian Songs For Ukulele	$ 10.95		
8	Hints & Tips For Advanced Ukulelists	$ 14.95		
9	How To Play Slack Key Ukulele	$ 7.95		
10	How To Play Marches On Your Ukulele	$ 7.95		
11	How To Play Musical Spoons	$ 7.95		
12	Sing, Pick & Strum 19 Christmas Carols	$ 14.95		
BOOKS SUB-TOTAL ⇒⇒⇒⇒				
Shipping & Handling for "Instructional Books": Please add $2 for first book; $3 for two books; $4 for three books; $5 for four or more books. S/H Total⇒ Foreign Orders: Please add 25% of product total.				
Tape Totals From Other Side Of This Form (Include S/H)				
GRAND TOTAL: Add Books & Tapes Sub-Totals ⇒⇒⇒⇒⇒				

☐ Check here if you wish to be on Heeday's mailing list for new uke items.